Geografie Sekundarstufe I ° Themenbuch 3

3

WELT SICHT

LMVZ

Orientierung in Weltsicht

🚩 Bei dieser Flagge steht, was du in dem Kapitel lernen kannst.

Themenbuch

Das Themenbuch enthält fünf Kapitel. Hier erfährst du in Texten, aber auch anhand von vielen Fotos, Illustrationen, Grafiken und Karten Wissenswertes über ausgewählte Sachthemen und Regionen.

Jedes Kapitel beginnt mit zwei grossformatigen Abbildungen und einer Leitfrage. Sie regen dich dazu an, dir deine Vorstellungen zum Kapitelthema bewusst zu machen.

Arbeitshefte

Zu den Kapiteln aus dem Themenbuch löst du in den Arbeitsheften verschiedene Lernaufgaben.

Du kannst auch kleine Projekte durchführen.

Deine Antworten, Notizen, Skizzen und Zeichnungen werden alle im Arbeitsheft gesammelt.

Auch deinen Lernfortschritt kannst du im Arbeitsheft dokumentieren.

Webplattform

Die digitale Webplattform ist nur für Lehrpersonen zugänglich.

Dort stehen umfangreiche Zusatzmaterialien bereit (Videos, Audios, Texte, Bilder) sowie zusätzliche Lernaufgaben.

Auch Lernhilfen und Lösungshinweise zu den Aufgaben im Arbeitsheft befinden sich auf der Webplattform.

Hier kannst du ablesen, an welcher Kompetenz auf dieser Doppelseite gearbeitet wird.

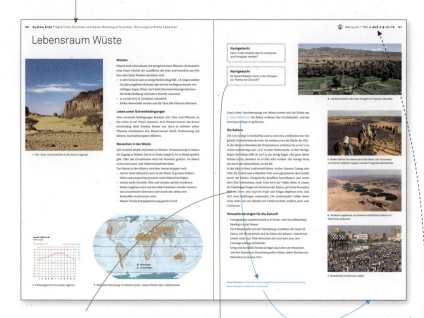

Auf den oliv hinterlegten Methodenseiten im Themenbuch lernst du geografische Methoden und Arbeitsweisen kennen. Ihre Anwendung wird Schritt für Schritt erklärt.

Die oliv gefärbten Begriffe im Text kannst du auf die passende Mitwachsende Karte im Arbeitsheft übertragen. Dazu schreibst du in der Regel einen Merksatz.

Die blau markierten Begriffe kannst du im Glossar am Schluss des Themenbuchs nachschlagen. Beim ersten Vorkommen eines Begriffs steht die Erklärung direkt unter dem Text.

Die jeweils letzte Seite eines Kapitels heisst «Denk weiter» und ist durch blau gefärbten Text hervorgehoben.

Hier kannst du Aspekten aus dem Kapitel selbstständig weiter nachgehen oder Bezüge zu anderen Fächern entdecken.

Nachgedacht

Diese Fragen regen zum Nachdenken an. Du kannst ihnen selbstständig nachgehen, dazu recherchieren und sie diskutieren.

Diese Piktogramme und Verweise helfen dir, die Seiten im Themenbuch und im Arbeitsheft zu finden, die zueinandergehören.

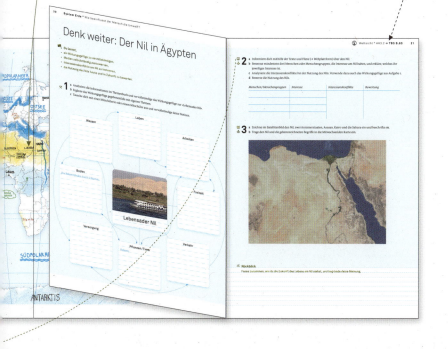

Die Lernaufgaben im Arbeitsheft sind mit verschiedenen Piktogrammen gekennzeichnet:

- 🚩 Bei dieser Flagge steht, was du durch die Aufgaben lernst.
- ⚒ Bei dieser Aufgabe erarbeitest du einen Teilaspekt des Themas.
- ⚓ Bei dieser Aufgabe sicherst du dein Wissen über einen Teilaspekt des Themas oder wendest es an.
- 💭 Hier denkst du über deinen Lernprozess nach.
- 🖥 Für diese Aufgabe benötigst du zusätzliche Materialien von der Webplattform. Oder es steht auf der Webplattform eine Lernhilfe zur Verfügung.
- 🌐 Bei dieser Aufgabe arbeitest du mit dem Schweizer Weltatlas.

Inhalt Themenbuch 3

Asien → 6

Die Seidenstrasse – einmal quer durch Asien → 8
Westasien: Die Arabische Halbinsel – mehr Moderne als Tradition → 10
Westasien: Wirtschaftliche Entwicklung am Beispiel Dubai → 12
Nordasien: Sibirien – Russland zwischen Ural und Pazifik → 14
Nordasien: Der Baikalsee – die blaue Perle Sibiriens → 16
Südasien: Indien – Land zwischen Armut und Aufbruch → 18
Südasien: Massentourismus am Mount Everest → 20
Ostasien: Die Wirtschaftsmächte China und Japan → 22
Ostasien: Made in China → 24
Methode: Karikaturen auswerten → 26
Denk weiter: Katar als Gastgeber der Fussballweltmeisterschaft 2022 → 27

Produktion und Konsum → 28

Wirtschaft findet in verschiedenen Wirtschaftsräumen statt → 30
Stars in der Tüte – Lady Claire, Lady Rosetta & Co. → 32
Lachs ist nicht gleich Lachs → 34
Swiss made – Uhren als drittgrösstes Exportprodukt → 36
Der Bleistift – ein langer Weg bis zum Schulzimmer → 38
Dienstleistungen bereitstellen – Tourismus in Zermatt → 40
Online gewinnt, offline verliert? → 42
Strukturwandel – Dienstleistungen verdrängen die Industrie → 44
Methode: Zeitungen auswerten → 46
Denk weiter: Schattenwirtschaft und Schwarzarbeit → 47

System Erde → 48

Menschen gestalten und verändern Lebensräume → 50
Lebensraum Regenwald → 52
Lebensraum Gebirge → 54
Lebensraum Wüste → 56
Lebensraum Weltmeer → 58
Lebensraum Stadt → 60
Methode: Wirkungsgefüge erstellen → 62
Denk weiter: Der Nil in Ägypten → 63

Südpazifischer Raum → 64

- Der südpazifische Raum – Vielfalt über und unter Wasser → 66
- Die ersten Klimaflüchtlinge von Tuvalu? → 68
- Die Galápagosinseln – das letzte Naturparadies? → 70
- Bali – Insel der Götter? → 72
- Die Maori – kriegerisches Volk im Paradies Neuseeland? → 74
- Peru – Fischreichtum als paradiesische Lebensgrundlage? → 76
- Beliebtes Australien – von Buschbränden und Dürre bedroht? → 78
- Das Meer – die grösste Müllhalde der Welt? → 80
- Methode: Filme auswerten → 82
- **Denk weiter: Zwischen Fiktion und Wirklichkeit** → 83

Zukunft gestalten → 84

- Leben in der Zukunft → 86
- Blickpunkt Wirtschaft → 88
- Blickpunkt Umwelt → 90
- Blickpunkt Umwelt – Fokus Klimawandel → 92
- Blickpunkt Gesellschaft → 94
- Nachhaltige Ideen verändern die Welt → 96
- Getränke – anders gedacht → 98
- Schuhe – anders gedacht → 100
- Smartphones – anders gedacht → 102

Glossar → 104
Sachregister → 106
Bild- und Quellennachweis → 108

Asien

Aufschwung, Stillstand oder Krise?

Nach dem Bearbeiten dieses Kapitels kannst du:
- Handelswege beschreiben und ihre Bedeutung erklären,
- die Veränderung von Lebensweisen auf der Arabischen Halbinsel (Westasien) analysieren,
- das Leben und Arbeiten in Sibirien (Nordasien) angesichts naturräumlicher Grundlagen beschreiben,
- aktuelle Entwicklungen am Baikalsee bewerten,
- Herausforderungen in Indien (Südasien) einordnen,
- den Extremtourismus am Beispiel Himalaya bewerten,
- aktuelle Entwicklungen in China und Japan (Ostasien) beschreiben,
- die asiatische Wirtschaft im Rahmen der Globalisierung einordnen.

Die Seidenstrasse – einmal quer durch Asien

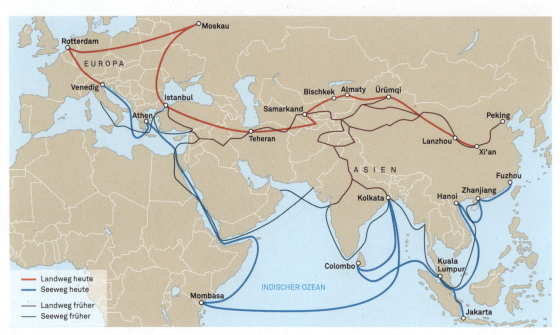

1 Verkehrswege der Seidenstrasse früher und heute

2 Altstadt von Xiva, Usbekistan

3 Höchste gepflasterte Strasse des Karakorum-Highway durch das Pamir-Gebirge in Xinjiang, China

Die Seidenstrasse früher

Zwischen etwa 115 v. Chr. und 1500 bestand ein umfangreiches Netz von Strassen und Wegen zwischen dem Mittelmeerraum und Ostasien. Zusammengefasst werden diese Verkehrswege unter dem Namen «Seidenstrasse». Sie verlief von Xi'an in China bis nach Istanbul in der Türkei. Von dort gelangten die Waren per Schiff nach Italien.

Waren wie Seide und Produkte aus Seide (Kleider, Teppiche), Porzellan, Keramik, Tee oder Jade wurden von Ost nach West transportiert. Von West nach Ost wurden Gewürze, Medizin, Farbstoffe, Tiere, Edelsteine oder Glas befördert. Auch fand ein Austausch von Religionen, Kulturen, Ideen und Technologien statt. Leider wurden auch Krankheiten verschleppt.

Die Waren wurden mit Karawanen transportiert, die Reisen dauerten oft mehrere Monate. Meist wurden die Waren unterwegs an Zwischenhändler übergeben, die sie dann weitertransportierten. Die zunächst einfachen Herbergen entlang der Route entwickelten sich im Lauf der Zeit zu blühenden Städten. Der Handel bedeutete Macht.

Um 1540 kam der Seehandel auf, die ersten Schiffe fuhren von Portugal nach China. Waren konnten nun sicherer, schneller und günstiger transportiert werden. Die Seidenstrasse verlor ihre Bedeutung.

4   Uigurisches Dorf Tuyoq in der Nähe von Turpan, China

Die Seidenstrasse heute

Heute wird die Seidenstrasse touristisch genutzt. Touristinnen und Touristen reisen in faszinierende Landschaften und Städte. Der Tourismus ermöglicht, dass Sehenswürdigkeiten erhalten bleiben. Einige eindrucksvolle Städte gehören zum Unesco-Weltkulturerbe. Unter dem Namen «Belt and Road Initiative» erhält die Seidenstrasse seit 2013 eine neue Bedeutung. China investiert enorm viel Geld, um Strassen, Häfen und Bahnstrecken in den Ländern entlang der Seidenstrasse auszubauen. Nur so kann der geplante zukünftige Warentransport reibungslos laufen. Ein Gütertransport von Xi'an nach Rotterdam dauert mit dem Zug etwa 19 Tage, das ist kürzer als eine Schifffahrt und billiger als ein Flug. China will damit den Handel nach Europa stärken.

Die Seidenstrasse führt durch Asien

Die Seidenstrasse verbindet früher wie heute viele asiatische Länder. Sie veranschaulicht Entwicklungen in Städten und Naturräumen sowie Veränderungen in der Wirtschaft und bei den Menschen. Was also ist wichtig, wenn wir uns mit Asien beschäftigen?

- Asienreisende schwärmen von freundlichen Menschen, imposanten Städten, vielfältigen Kulturen, einer üppigen Natur, ungewöhnlichem Essen, guten Verkehrsverbindungen, günstigen Preisen, grossartigen Erlebnissen und Eindrücken.
- Wirtschaftsexperten bestaunen die immensen Investitionen, die endlose Bautätigkeit, das stetige Wirtschaftswachstum, Investitionen in erneuerbare Energien und die Infrastruktur.
- Stadtplaner sind skeptisch gegenüber der Verstädterung, Problemen der Wasser-, Energie- und Nahrungsmittelversorgung, der Verschlechterung der Luftqualität durch den zunehmenden Verkehr. Sie planen neue Siedlungsformen, etwa Smart Cities, für bessere Lebensbedingungen.
- Wir in Europa freuen uns über günstige Produkte, die zunehmend häufig aus Asien zu uns gelangen.
- Menschen weltweit diskutieren über die neue wohlhabende Mittelschicht, wachsende oder alternde Bevölkerungen der Länder, immer grössere Unterschiede zwischen Bevölkerungsgruppen und über Umweltschäden.

Kurzum: Asien ist ein spannender und höchst vielseitiger Kontinent mit bedeutenden gegenwärtigen Entwicklungen. Ein Einblick bietet facettenreiche Entdeckungen, aber auch Herausforderungen.

5   Neu ausgebauter Hafen von Aqtau am Kaspischen Meer

6   Nach 19 Tagen Fahrt erreicht ein Güterzug aus der Stadt Yiwu in China einen Bahnhof in London (2017).

Nachgedacht
Warum hiess Istanbul früher Konstantinopel?

Westasien: Die Arabische Halbinsel – mehr Moderne als Tradition

1 Kuwait-Stadt

2 Stadtbild mit Gärten von Sanaa, der Hauptstadt des Jemens

3 Basar im Oman

> **Nachgedacht**
> Kennst du Geschichten aus *1001 Nacht*?

Arabien oder Arabische Halbinsel?

Das Stichwort «Arabien» ruft gerne Bilder aus Märchen aus *1001 Nacht* hervor: fliegende Teppiche oder zauberhafte Wunderlampen, goldbesetzte Kuppeln von Moscheen, Beduinen in lauten Basaren und schwer beladene Kamele. Arabien umfasst alle Länder, in denen Arabisch gesprochen wird, also auch die Länder Nordafrikas.

Die Arabische Halbinsel ist die grösste Halbinsel der Welt. Fast 90 Millionen Menschen leben auf der Arabischen Halbinsel. Es handelt sich um eine Region, die sich in den letzten Jahren stark verändert hat. Bekannt sind blitzblanke Städte, grossartige Türme aus Beton und Glas, luxuriöse Shoppingmalls, moderne Innenstädte, klimatisierte Hotels und künstlich gebaute Badestrände.

Grosse Unterschiede

Die Arabische Halbinsel gehört mit den Ländern Saudi-Arabien, Jemen, Oman, Kuwait, Katar, Bahrain und den Vereinigten Arabischen Emiraten (Abu Dhabi, Dubai usw.) zu Asien. Auch Jordanien und der Irak haben einen Anteil an der Arabischen Halbinsel. Gemeinsam ist diesen Ländern die arabische Sprache, der Islam, das Vorkommen von Erdöl, die Lage in einer Wüstenregion (Rub al-Chali) sowie in den südlichen Ländern der Einfluss des Monsuns.

Abgesehen davon könnten die Länder aber nicht unterschiedlicher sein: In Jemen beispielsweise sind die Menschen wegen eines langen Kriegs auf Nahrungshilfe angewiesen. In Dubai oder Katar werden dagegen luxuriöse Hoteltürme, international bedeutende Flughäfen und künstliche Inseln für Reisende gebaut. Dort gibt es Menschen, die in unvorstellbarem Reichtum leben.

Ein Blick in die Geschichte

Einst führte eine der bedeutendsten Handelsrouten durch die Arabische Halbinsel: die Weihrauchstrasse. Das getrocknete Harz der selten wachsenden Bäume war so wertvoll wie Gold. Entlang der Weihrauchstrasse entstanden blühende und reiche Handelszentren, die lange eine grosse Bedeutung hatten.

Schon früh konnten die Menschen auf der Arabischen Halbinsel in Oasen überleben. Allerdings zwang sie der Wassermangel zum Nomadismus. Auch erfanden die Menschen ausgeklügelte Bewässerungssysteme, wie beispielsweise das traditionelle Falaj-System in Oman. Heute lockt es Tausende von Touristen an. In Kanälen sammelt sich das Wasser aus den Bergen. In Steinrinnen wird es über weite Strecken zu Dörfern und Städten geleitet.

Beduinen

Beduinen lebten traditionell als Nomaden, die am Rand der Wüste Vieh züchteten. Scheichs regierten jeweils einen Stamm. Jeder Stamm hatte sein eigenes Land.

Heute sind viele Beduinen sesshaft. Sie leben in der Stadt oder in Camps am Wüstenrand. Zum Einkaufen fahren sie mit Jeeps in die Stadt. Oft arbeiten sie im Tourismus und unterhalten Feriencamps oder führen Reisende auf Kameltrips. Die Arbeit wird zunehmend durch Einflüsse grosser Konzerne, Landverkäufe oder auch Terror und Kriege erschwert. Die traditionelle Lebensweise hat sich geändert.

> **Nachgedacht**
> Was bedeutet die Begrüssung «Salam alaikum» wörtlich? Welche Regeln gelten bei der Begrüssung?

4 Blick auf die Innenstadt von Dubai mit dem Burj Khalifa

5 Kameltrekking in Katar

6 Falaj-Bewässerungssystem im Oman

7 Das Beduinencamp für Touristen im Wadi Rum (Jordanien) wird von zwei Beduinen geleitet, die dort leben.

Nomadismus → Traditionelle Lebens- und Wirtschaftsweise von Völkern, die umherziehen

Westasien: Wirtschaftliche Entwicklung am Beispiel Dubai

1 Dubai Marina, 2017

2 Blick auf die «Mall of Arabia» und den Wolkenkratzer Burj Khalifa

3 Eingangshalle des Hotels «Jumeirah Zabeel Saray», Dubai

Zeit des Wandels

Zwischen dem 8. und dem 13. Jahrhundert galt die Arabische Halbinsel als Stätte der Hochkultur: Medizin, Mathematik, Chemie, Physik, Geografie, Philosophie, Literatur und Musik waren weltweit bedeutend. Heute sind Europa und Nordamerika darin führend.

Die früher blühenden Städte der Arabischen Halbinsel sind heute mit Verkehrs- und Versorgungsproblemen konfrontiert: Der Wohnraum für die Menschen reicht nicht aus. Orte wie Dubai oder Abu Dhabi wurden als globale Verkehrsdrehscheiben völlig neu gebaut. In vielen Ländern herrscht zudem Krieg. Und trotz Reichtum werden Menschen- und Arbeitsrechte missachtet.

Mit grossen Bemühungen versuchen die Länder der Arabischen Halbinsel, an die frühere Bedeutung anzuknüpfen.

Die Rolle des Erdöls

1931 wurde auf der Arabischen Halbinsel zum ersten Mal Erdöl gefördert. Dies löste einen gigantischen Boom aus. Bis heute gilt die Arabische Halbinsel als die bedeutendste Erdölregion der Erde. Aufgrund des Ölexports sind die arabischen Länder weltweit mit Firmen, Fachkräften und Technologien in Kontakt. Diese sind bis heute von der Arabischen Halbinsel abhängig. In den erdölfördernden Ländern hat diese Machtstellung zu grossem Reichtum geführt.

4 Dubai 1978 und 2017

Alternativen zum Erdöl

Bereits in den 1980er-Jahren wurde weltweit über das Problem diskutiert, dass das Erdöl knapp werden oder ausgehen könnte. Da der Reichtum der betroffenen arabischen Länder (Katar, Vereinigte Arabische Emirate, Oman, Bahrain, Saudi-Arabien und Kuwait) auf dieser einen Ressource beruhte, wurde besonders in den Emiraten über andere Wirtschaftszweige nachgedacht. Sie sollen den Ländern auch ohne Erdöl Reichtum bescheren. Folgende Branchen wurden deshalb neu ausgebaut:
- Tourismus,
- Flugverkehr,
- Finanzwirtschaft,
- Informationstechnologien.

Das Beispiel Dubai

In Dubai lassen sich die beschriebenen Entwicklungen eindrücklich nachvollziehen. Hier entstanden in den letzten 20 Jahren unter anderem das einzige 7-Sterne-Hotel der Welt, die weltweit grösste Shoppingmall mit einem der weltweit grössten Meeresaquarien, der weltgrösste Flughafen und die grösste Skihalle der Welt. Zudem wurde für den Luxustourismus eine künstliche Insel in Form einer Palme ins Meer gebaut; weitere sind geplant.

Der luxuriöse Ausbau stösst auch auf Widerstand. Mehr als 60 Millionen Menschen bereisen jährlich die Arabische Halbinsel. Der Wasser- und der Energieverbrauch für die Vergnügungen sind gigantisch. Das Leben der traditionellen Nomaden, Fischer und Händler verändert sich stark. Traditionelle Lebensweisen werden nur am Wochenende in romantisierter Form gepflegt: Familien aus der Stadt verbringen zwei Nächte im Wüstenzelt, wohnen unter der Woche aber in modernen, klimatisierten Häusern und bewegen sich auf vielspurigen Strassen und in riesigen Einkaufszentren.

Aufgrund der hohen Bautätigkeit kamen sehr viele junge ausländische Arbeitnehmer nach Dubai. Sie leben bescheiden, zum Teil ärmlich abseits der Luxuszentren. Das Geld, das sie verdienen, schicken sie in ihre Heimat. Die Zuwanderung hat zu grossen Unterschieden in der Bevölkerung geführt, zunehmend auch zu Konflikten.

Wie sich Dubai weiterentwickelt, ist angesichts der benötigten Ressourcen (Geld, Arbeiter, Beton usw.) unsicher. Ebenfalls unsicher ist, ob weiterhin genügend Reisende Interesse an der Region haben. Spannend bleibt die Entwicklung aber auf alle Fälle.

5 Luxushäuser auf der künstlichen Insel «The Palm» mit Hotel «Atlantis»

6 Baracken von Arbeitern vor der pompösen Skyline

7 In der Wohnanlage teilen sich sechs Männer einen Raum von zehn Quadratmetern.

Nachgedacht

Ist es sinnvoll, in der Wüste eine so pompöse Touristendestination wie Dubai zu bauen?

Nordasien: Sibirien – Russland zwischen Ural und Pazifik

1 Dorf in Sibirien

2 Mit der Transsibirischen Eisenbahn durch das winterliche Sibirien

3 Naturraum Sibirien: weite Strecken, im Sommer auftauende Böden und Sumpf – und wenige Ortschaften

Russland, das flächenmässig grösste Land der Erde, grenzt an 14 Staaten und 5 Meere. Es umfasst ausser den Tropen alle Vegetationszonen der Erde, von der Kalten Zone bis zur Subtropenzone. Es misst von Ost nach West über 9000 Kilometer und erstreckt sich über 11 Zeitzonen.

Sibirien

Der asiatische Teil Russlands heisst Sibirien. Es liegt östlich des Ural-Gebirges und reicht im Westen bis zum Pazifik und im Norden bis zum Nordpolarmeer. Im Süden ist die Abgrenzung unklar. Politisch umfasst Sibirien drei Föderationskreise. Sibirien nimmt rund drei Viertel der Fläche Russlands ein, wird aber nur von knapp einem Fünftel der Bevölkerung bewohnt.

Erschliessung Sibiriens

Das Leben spielt sich heute hauptsächlich entlang der Transsibirischen Eisenbahn und der transkontinentalen Strassenverbindung zwischen Moskau und Wladiwostok ab. Dies war nicht immer so: Die Verkehrsverbindungen entstanden erst, als Rohstoffe erschlossen und nach Europa und China transportiert wurden. Aufgrund des extremen Klimas mussten unter teils schwierigsten Bedingungen Flüsse mit Brücken überquert, Seen und Sumpfgebiete umfahren, Permafrostboden durchquert und Gebirgszüge gemeistert werden.

Von Nomaden zu Grossstädtern

Damals siedelten erst wenige Menschen in Sibirien. Sie zogen traditionell als Hirten und Nomaden durch Tundra und Taiga. Mit der Zeit wurden diese sesshaft. Gleichzeitig zogen immer mehr Menschen nach Sibirien. Durch die ausgebauten Verkehrswege entstanden Grossstädte entlang der Verkehrsachsen. Sie prägen bis heute das Leben in Sibirien.

Heutiges Dorfleben

Kleine und abseits gelegene Dörfer sterben derzeit aus, weil vor allem junge Menschen auf der Suche nach Arbeit in die Städte ziehen. Schulen und Läden werden geschlossen. Zurück bleiben Rentner. Meist wohnen sie in einfachen Holzhäusern und leben davon, was der eigene Garten und der nahe gelegene Wald hergeben. Es wirkt, als ob hier die Zeit stehen geblieben sei. Viele Dörfer haben keine asphaltierten Strassen, viele Häuser sind ohne fliessendes Wasser oder Kanalisation. Um ihre knappe Rente aufzubessern, verkaufen die Dorfbewohnerinnen an den Strassen oder auf einem nahe gelegenen Markt eigenes Obst und Gemüse.

Abbau von Rohstoffen

Russlands Wirtschaft ist stark vom Rohstoffexport abhängig. Gefördert werden Erdöl und Erdgas. In Sibirien liegen etwa 20 Prozent der weltweiten Vorräte von Holz, Erdöl/Erdgas sowie Stein- und Braunkohle. Auch Nickel oder Platin werden abgebaut, zudem liegt die weltweit grösste Diamantmine in Jakutsk. Der Abbau lohnt sich, obwohl die Bedingungen für die Erschliessung und den Transport aufgrund der extremen Naturverhältnisse äusserst schwierig sind. Dennoch geht es vielen Menschen in Russland nicht gut. Sie gehen verschiedenen Arbeiten nach, um ihren Lebensunterhalt zu verdienen. Mieten und Lebensmittel sind teuer, der Preis für viele Rohstoffe ist seit Jahren gleich geblieben.

Landwirtschaftliche Produktion

Seit die EU 2014 den Import von Lebensmitteln nach Russland stark eingeschränkt hat (Krim-Krise), ist in Russland die Nachfrage nach einheimischen Fleisch- und Milchprodukten, Gemüse und Obst gestiegen. Gut ausgebildete Russinnen und Russen beginnen deshalb, als Neubauern in der Landwirtschaft zu arbeiten. Insbesondere im sogenannten Agrardreieck zwischen St. Petersburg im Norden, der Nordküste des Kaspischen Meers und Irkutsk im Osten eignen sich dafür der Boden und das Klima.

Künftige Absatzmärkte

In Zukunft wird sich die Wirtschaft Russlands immer mehr Richtung Asien orientieren. Sibirien spielt hierbei eine zentrale Rolle, weil die Region in unmittelbarer Nachbarschaft zu der aufstrebenden Wirtschaftsmacht China liegt. Dort werden zunehmend auch ausländische Rohstoffe benötigt – Sibirien kann diese liefern. Jedoch muss dafür die bestehende Infrastruktur (Strassen, Eisenbahnen, Pipelines) ausgebaut werden. Die Regierung Russlands versucht, dies durch staatliche Entwicklungsprogramme und hohe Investitionen voranzutreiben. Auch das chinesische Projekt «Neue Seidenstrasse» trägt zum Ausbau bei.

> **Nachgedacht**
> Weshalb bekommt in Russland eine Familie derzeit bereits für ihr erstgeborenes Kind monatlich rund 170 Franken?

4 Modernes multikulturelles Stadtleben in der Fussgängerzone der Grossstadt Ulan-Ude

5 Verlassene Häuser im sibirischen Bauerndorf Zelenoborsk

6 Diamantenbergwerk «Mir» in Jakutien

Nordasien: Der Baikalsee – die blaue Perle Sibiriens

1 Der Baikalsee und der Abfluss Angara im Sommer

Der Baikalsee

Höhe: 455 m ü. M.
Länge: 673 km
maximale Breite: 82 km
Fläche: 31 500 m²
Tiefe: 1642 m
Alter: 25 Mio. Jahre

2 Das Dorf Listwjanka am zugefrorenen Baikalsee

3 Lebensraum von Pflanzen und Tieren entlang des Selenga-Flusses

Mitten im sibirischen Russland, nördlich der Mongolei erstreckt sich der Baikalsee. Er ist eingebettet zwischen Nadelwäldern und Steppen und von Hochgebirgen umgeben.

Im See liegen rund 22 Inseln, die grösste davon heisst Olchon. Unzählige Flüsse speisen den See, rund ein Drittel des Wassers stammt vom Fluss Selenga. Das Wasser fliesst nur über einen Fluss ab, die Angara. Er mündet über den Jenissei ins Nordpolarmeer. Das Klima der Baikalregion ist im Winter trocken und kalt, die Temperaturen bewegen sich durchschnittlich um −20 °C. Deshalb ist die Seeoberfläche von Mitte November bis Anfang Mai zugefroren.

Trinkwasser und Lebensraum

Aufgrund seiner Grösse speichert der Baikalsee riesige Mengen an Wasser: 480-mal mehr als der Bodensee. Die Wasserqualität dieses weltweit grössten Trinkwasserreservoirs ist sehr gut, da unzählige Kleinstlebewesen (etwa Flohkrebse) sich von Bakterien und Algen ernähren und den See reinigen. Es leben weitere Tiere im See; einige davon kommen nur hier vor, darunter die Baikalrobbe oder der Omul. Rund um den See finden verschiedene Insekten, Reptilien, Vögel und kleine Säuger ein Zuhause. Auch die Pflanzenwelt ist sehr artenreich und umfasst uralte Arten von Lärchen und Zedern.

Nachgedacht

Wieso nennen die Einheimischen den Baikalsee die «blaue Perle Sibiriens»?

Baikalsee in Gefahr

Die Landschaft und der See sind weitgehend unberührt. Doch in den letzten Jahrzehnten wurde dieses sensible Ökosystem zunehmend durch den Menschen genutzt.

Papierfabrik: In der Stadt Baikalsk südlich des Sees wurde 1965 eine Papierfabrik gebaut. Zur Herstellung von Zellulose wurde Seewasser mit Leim und Chemikalien angereichert. Das Abwasser wurde bis 2008 ungeklärt in den See zurückgeführt. Ein Gesetz zwang die Fabrik dazu, Papier in einem geschlossenen Wasserkreislauf zu produzieren. Dies war teuer, und die Produktion wurde so unrentabel, dass sie eingestellt werden musste. Weil bei verschiedenen Neueröffnungen der Fabrik erneut Giftstoffe im Abwasser gefunden wurden, schloss die Fabrik endgültig, die Arbeitsplätze gingen verloren. Der Umweltschutz konnte sich durchsetzen.

Öl- und Gasfelder: Um Erdöl und Erdgas zu transportieren, sollte die Ostsibirien-Pazifik-Pipeline bis 800 Meter an die nördliche Küste des Baikalsees herangeführt werden. Probleme rund um die Pipeline gibt es viele: Häufige Erdbeben sowie auftauende Permafrostböden können zu undichten Rohrleitungen und so zu Verschmutzungen des Sees führen. Die Energieunternehmen stritten dies zwar ab, aber der Umweltschutz setzte sich durch: Die Pipeline führt heute 400 Kilometer nördlich des Baikalsees Richtung Pazifik.

Tourismus: Immer mehr Reisende entdecken die Schönheit des Baikalsees. Besonders im Sommer verbringen auf der Insel Olchon viermal so viele Menschen ihre Ferien, als Inselbewohner dort leben. Der Abfall nimmt zu, weil aber Kanalisation, Abwasserreinigungsanlagen und eine Müllabfuhr fehlen, kann er nicht beseitigt werden. Also landet der Abfall auf illegalen Deponien mitten in der Natur oder er wird ungeklärt in den See geleitet. Die Behörden wollen dennoch noch mehr Leute in die Region locken, damit neue Einnahmequellen für die Bevölkerung entstehen. Besser für die Region Baikalsee wäre es, wenn dies möglichst umweltfreundlich und nachhaltig geschähe. Dazu braucht es einen Ausbau der Infrastruktur, aber auch Umweltbildung für die einheimische Bevölkerung.

Gefahr gebannt?

Seit 1996 gehört die Baikalseeregion zum Unesco-Weltnaturerbe. Doch die Natur- und Küstenschutzgebiete werden weiter durch den Menschen bedroht. Der Wasserspiegel sinkt beispielsweise. Grund dafür könnte die globale Erwärmung sein, welche die Wassertemperatur, die winterliche Eisbedeckung und die Niederschläge verändert. Auch geplante Bauprojekte von mongolischen Energieunternehmen verschärfen das Problem der Nutzung. Die wichtigste Lebensader des Baikalsees, der Fluss Selenga, soll durch eine 103 Meter hohe Staumauer gestaut werden. Dadurch würde der Zufluss deutlich abnehmen, die Trinkwasserversorgung in der Region würde gefährdet und Pflanzen und Tiere würden den Lebensraum verlieren.

4 Papierfabrik in Baikalsk, 1999

5 Dorf auf der Insel Olchon

6 Touristen warten auf die Fähre, um vom Festland auf die Insel Olchon zu kommen.

Nachgedacht
Weshalb sind Aktivitäten wie Reiten, Radfahren, Wandern und Hundeschlittenfahren eher mit Ökotourismus vereinbar als Squad-, Motorboot-, Skifahren oder Wellness?

Südasien: Indien – Land zwischen Armut und Aufbruch

1 Szene am Chowpatty-Strand in der Nähe des Malabar Hill in Mumbai

2 Rituelle Waschzeremonie der Hindu am Ganges am Diwali-Fest in Varanasi

3 Blick vom Thikse-Kloster auf Ladakh, am Fuss des Himalaya

Die Menschen

In Indien lebten Ende 2017 etwa 1,34 Milliarden Menschen. Das ist nach China die zweithöchste Bevölkerungszahl weltweit. Das Durchschnittsalter in Indien liegt bei 26,2 Jahren, die Bevölkerung ist also sehr jung (Schweiz: 41,7 Jahre).

Derzeit leben etwa 66 Prozent der Menschen auf dem Land. Doch die Verstädterung nimmt auch in Indien zu. Zu den am dichtesten bevölkerten Gebieten gehören Städte (etwa Mumbai, Delhi und Kolkata) und die grosse Ebene südlich des Himalaya, durch die der zweitgrösste Fluss Indiens, der Ganges, fliesst.

Bevölkerungswachstum

In wenigen Jahren wird Indien das bevölkerungsreichste Land der Welt sein und mehr Einwohner aufweisen als China. Dies, obwohl die Fruchtbarkeitsrate in Indien bei durchschnittlich 2,3 Kindern pro Frau liegt, in den südlichen Regionen und den Städten sogar nur bei 1,6 bis 1,8 Kindern (Schweiz: 1,5). Die Ursache für das Bevölkerungswachstum ist die sehr grosse Anzahl sehr junger Menschen (60 % sind jünger als 25 Jahre): Auch wenn jede einzelne Frau bzw. Familie nur wenige Kinder hat, sind das auf die ganze Bevölkerung hochgerechnet sehr viele.

> **Nachgedacht**
> Werden Frauen und Mädchen auch bei uns unterdrückt?

Mädchenmorde – Frauenrechte

Indien ist stark vom Hinduismus geprägt (80 %). Im Hinduismus sind die Frauen den Männern untergeordnet. Hochzeiten werden meistens arrangiert, und die Eltern der jungen Frauen bezahlen eine hohe Mitgift. Das ist zwar verboten, wird aber als Tradition gelebt. Für viele Familien, besonders auf dem Land, ist das eine grosse Belastung. Es kommt deshalb bis heute vor, dass Mädchen bereits als Fötus abgetrieben oder nach der Geburt getötet werden, obwohl auch dies verboten ist. Aufgrund politischer Einflüsse, aber auch dank der guten Ausbildung von immer mehr Frauen und Männern (besonders in den Städten) nimmt der Widerstand gegen die Unterdrückung von Mädchen und Frauen zu und die Einstellungen ändern sich. So ist es möglich, Traditionen weiterhin zu leben und dennoch selbstbewusst für die eigenen Rechte einzustehen und weniger abhängig zu sein.

Bittere Armut trotz Wohlstand

Indien gehört neben China und Japan zu den erfolgreichsten Wirtschaftsmächten in Asien. Die Region zwischen Hyderabad und Bangalore beispielsweise ist weltweit führend in der Informations- und der Biotechnologie. Einige Millionen Menschen entwickeln Software und bieten Dienstleistungen für die ganze Welt an, auch für Geschäfte aus der Schweiz. Viele Menschen sind sehr gut ausgebildet und es geht ihnen finanziell gut.

Vom Wohlstand der Mittel- und Oberschicht und dem Wirtschaftswachstum profitieren aber nur wenige. Sehr viele Menschen leiden grosse Armut: 70 Prozent der Inder müssen mit weniger als 2 USD pro Tag auskommen. Am stärksten betroffen von der Armut sind Kinder. Viele arbeiten in Haushalten, Steinbrüchen, Nähereien, auf Abfallhalden oder in der Industrie. Sie helfen den Familien zu überleben. Ebenfalls von Armut betroffen sind die Bauern. Etwa 50 Prozent der Menschen arbeiten in der Landwirtschaft, meist auf kleinen Betrieben. Die Verdienste sind gering, weil Düngemittel und Saatgut sehr teuer sind. Die Preise für viele Produkte sind aber stark gesunken. Zudem sind die Bauern abhängig vom Monsun. Bleibt er aus, ist keine Ernte möglich. Die Bauern verschulden sich, viele von ihnen begehen aus Verzweiflung Selbstmord.

Herausforderungen

Indien hat mit zahlreichen Problemen zu kämpfen: Armut und Kinderarbeit, Korruption, mangelnder Ernährungssicherung, dem Bevölkerungswachstum und der Unterdrückung der Frauen. Langsam verändern sich aber die Einstellungen sowie die Möglichkeiten, die Probleme zu lösen. Viele junge, engagierte, gut ausgebildete und in der Heimat verwurzelte Menschen tragen dazu bei.

4 Leben am Stadtrand von Kolkata

5 Kinderarbeit ist in Indien weit verbreitet.

6 Eine junge Frau fährt Taxi und sichert sich damit ein wenig Unabhängigkeit.

7 Internetwerbung in Kerala. Ein Internetzugang gehört in diesem Bundesstaat zum Grundrecht.

Fruchtbarkeitsrate → Durchschnittliche Kinderzahl pro Frau im gebährfähigen Alter
Monsun → Jahreszeitlich aus verschiedenen Richtungen wehende Winde, die in Indien zu Regen führen und Landwirtschaft ermöglichen

Südasien: Massentourismus am Mount Everest

1 Khumbu-Gletscher, 5300 m ü. M. – eines der Basislager am Mount Everest

2 Dho Tarap, Dorf in Nepal

3 Prozession von Bergsteigern auf dem Weg zum Gipfel

Land und Leute

Nepal ist eines der ärmsten Länder der Welt. Das Land liegt am Fuss des Himalaya. Die imposante Bergwelt des Himalaya lockt immer mehr Touristen an, die in Nepal wandern oder den höchsten Berg der Welt, den Mount Everest (8848 m ü. M.), besteigen möchten.

1953 wurde der Mount Everest zum ersten Mal von dem Neuseeländer Edmund Hillary und dem Nepalesen Tenzing Norgay bestiegen. Mittlerweile blüht das Tourismusgeschäft. Früher stiegen rund 25 erfahrene Bergsteiger pro Jahr auf den Mount Everest, es waren ausnahmslos professionelle, gut vorbereitete Extrembergsteiger. Heute können es durchaus 500 oder mehr Menschen pro Jahr sein, darunter abenteuerlustige Wanderer oder Hobbybergsteiger mit viel Geld. Eine Expedition kostet je nach Angebot zwischen 30 000 und 80 000 Franken. Die Teilnehmer möchten unter allen Umständen auf den Mount Everest und sind oft nicht bereit, eine Besteigung bei Gefahren oder Erschöpfung abzubrechen.

Nachgedacht

Welche Auswirkungen hat ein Erdbeben auf den Tourismus am Mount Everest?

Ohne Sherpas geht es nicht

Die 40 Kilogramm Gewicht für Ausrüstung und Gepäck tragen die meisten nicht selbst. Sherpas übernehmen diese Arbeit: Sie schlagen Stufen ins Eis, legen Brücken über Gletscherspalten, markieren mit Seilen den Aufstieg zum Gipfel und schleppen das Gepäck und die Verpflegung der Touristen von Lager zu Lager. Gleichzeitig sind sie auch Köche und Bergführer. Die Arbeit der Sherpas ist hart. Jede Saison bereiten sie die Routen auf den Mount Everest neu vor. Dabei setzen sie sich vielen Risiken aus. Die Gefahr, abzustürzen, von einer Lawine verschüttet zu werden oder zu erfrieren, ist gross. Für nepalesische Verhältnisse verdienen viele Sherpas gut (Normalverdienst: CHF 50.– pro Monat, Sherpa: CHF 6000.– pro Jahr). Allerdings kann der Lohn nur während etwa 55 Tagen in der Saison verdient werden. Das meiste durch den Extrembergsteiger-Tourismus verdiente Geld geht allerdings an die Expeditionsveranstalter und an die Regierung.

Folgen für die Familien

Viele Familien können durch den Bergsteigertourismus ihr Einkommen aufbessern, wenn Yakzucht und Ackerbau nicht ausreichen. Die Familien errichten Lodges, führen Shops und Restaurants für die Touristen oder arbeiten als Sherpas.

Während der Bergsteigersaison sind die Männer wochenlang nicht bei ihren Familien. Die Frauen haben eine höhere Arbeitsbelastung, zum Beispiel bei der Feldarbeit. Stirbt ein Sherpa, fehlt der Familie das Einkommen. Deshalb streiken die Sherpas immer wieder für bessere Arbeitsbedingungen, höhere Löhne oder bessere Versicherungen bei Unfällen oder Tod.

Mount Everest – die höchstgelegene Mülldeponie der Welt

Umweltschützer schätzen, dass sich in den vergangenen Jahren mehr als 600 Tonnen Müll am Mount Everest und entlang der Routen angesammelt hat. Leere Sauerstoffflaschen, Konservendosen, alte Zelte, Ausrüstungsmaterialien oder Exkremente: Alles bleibt in den Basislagern einfach liegen.

Seitdem die Regierung von jedem Expeditionsteilnehmer eine Müllkaution in der Höhe von 4000 USD verlangt und die Sherpas Bonuszahlungen für entsorgte Abfälle erhalten, hat sich die Situation etwas verbessert.

4 Ein Sherpa trägt die Taschen der Bergsteiger zum Basislager. Oft werden die Lasten auch von Yaks getragen.

5 Kathmandu, die Hauptstadt Nepals

Sherpa → Volksgruppe aus dem Tibet, die oft als Lastenträger bei Expeditionen im Himalaya arbeitet

Ostasien: Die Wirtschaftsmächte China und Japan

Hauptstadt:	Peking
Fläche:	9 596 960 km²
Einwohnerzahl:	1 379 303 000 (2018)
Bevölkerungsdichte:	144 Einwohner pro km²
Landschaftsvielfalt:	im Westen rund zwei Drittel Gebirge; ein Fünftel ist Wüste; grosse Schwemmebenen und dicht besiedelte Städte im Osten und Süden
Klima:	im Süden subtropisch; im Westen, Norden und Nordosten: kalte Winter und heisse Sommer

1 Steckbrief China

2 Modernes Shanghai: gigantisches Verkehrsaufkommen, gigantischer Energieverbrauch

3 Ein Arbeiter installiert Solarpanele auf einem Dach in Wuhan, China.

4 Yinchuan wird eine der neuen chinesischen Smart Cities für rund 1,5 Millionen Menschen sein.

In Ostasien prägen vor allem die beiden Länder China und Japan das wirtschaftliche Geschehen weltweit.

China: aufstrebende Wirtschaft

China ist reich an Bodenschätzen: Kohle, Erdöl, Erdgas und metallischen Erzen, zudem 70 Prozent der weltweiten Ressourcen an Seltenen Erden. Damit ist China auf dem Weltmarkt mit 95 Prozent führend. Auch Arbeitskräfte sind für Chinas Wirtschaft sehr wichtig. Von rund 900 Millionen Arbeitskräften arbeiten 28 Prozent in der Landwirtschaft, 29 Prozent in der Industrie und 43 Prozent im Dienstleistungssektor. Viel Geld gibt China seit einigen Jahren für Forschung und Entwicklung aus: Jedes Jahr verlassen beinahe 8 Millionen gut ausgebildete Studierende die Universitäten. Sie übernehmen wichtige Aufgaben in wachsenden Firmen der Bereiche Bankgewerbe, Kommunikation, Baugewerbe, Bekleidung, Energie.

Viele Produkte aus China sind Massengüter (z. B. Textilien), sie werden ins Ausland exportiert. Die wichtigsten Handelspartner sind die USA, Japan, Südkorea und Deutschland. China führt auch Produkte ein (z. B. Elektronik). Wichtigste Handelspartner sind Südkorea, Japan, Taiwan, die USA, Deutschland und Australien.

Aufgrund der wirtschaftlichen Entwicklung und des steigenden Lebensstandards benötigt China immer mehr Energie. 2010 war China der grösste Energieverbraucher der Welt. Die umweltschädliche Kohle ist Chinas wichtigster Energieträger. Das Land baut aber seit einigen Jahren den Anteil erneuerbarer Energien aus, unter anderem die Solarkraft.

Bevölkerungsdichte in den Städten

China ist mit 1,4 Milliarden Menschen das bevölkerungsreichste Land der Welt. Fast 59 Prozent der Einwohner leben in Städten, vor allem im Osten und Südosten. In Peking leben rund 21 Millionen Menschen. Chinas Regierung beschleunigt die Verstädterung, indem neue Städte gebaut und bestehende Städte miteinander verbunden werden. Die neuen Städte (Smart Cities) sollen ökologisch und verkehrstechnisch effizient sein sowie Wohnraum und attraktive Lebensqualität für sehr viele Menschen bieten. Viele Lebensbereiche werden in Smart Cities digital vernetzt. Im Grossraum Peking und Tianjin etwa werden in Zukunft rund 100 Millionen Menschen leben. Auch rund um Shanghai wachsen Städte zusammen. Ob die neuen Gigastädte wie geplant funktionieren, wird sich in den nächsten Jahren zeigen.

Japan: hochtechnologisierte Wirtschaft

In Japan ist Landwirtschaft nur auf rund 15 Prozent der Fläche möglich, der Rest besteht aus bewaldeten Gebirgen. Zudem besitzt Japan nur wenige Bodenschätze und muss daher Rohstoffe importieren. Deshalb hat sich Japan auf den internationalen Handel von hochentwickelten Produkten in den Bereichen Verkehr und Elektronik spezialisiert.

Von den rund 66 Millionen Arbeitskräften arbeiten 3 Prozent in der Landwirtschaft, 26 Prozent in der Industrie und 71 Prozent im Dienstleistungssektor. Viele Arbeitskräfte werden in der forschungsintensiven Hochtechnologie etwa von Toyota, Honda, Nissan, Hitachi, Sony oder Panasonic benötigt. Die Produktion von Autos, Fernsehern und weiteren elektronischen Gütern findet vor Ort statt – verkauft wird global. Wichtige Handelspartner sind die USA, China und Südkorea. Japan führt auch Produkte ein, so unter anderem Treibstoff oder Nahrungsmittel. Wichtigste Handelspartner sind China, die USA, Australien und Südkorea.

Die Energieproduktion in Japan stützt sich zu 57 Prozent auf Kohle, Erdöl und Erdgas, zu 32 Prozent auf Atomenergie, zu 9 Prozent auf Wasserkraft und zu 2 Prozent auf andere (erneuerbare) Energieträger.

Zunehmend ältere und städtische Bevölkerung

In Japan leben rund 127 Millionen Menschen, 80 Prozent davon in Städten. Japans Hauptstadt Tokio hat rund 38 Millionen Einwohner und gilt als bevölkerungsreichste Stadt der Welt. In den städtischen Regionen auf den Hauptinseln ist der öffentliche Verkehr sehr gut ausgebaut, eindrücklich sind mehrspurige, übereinander gebaute Strassen.

Seit 2005 schrumpft die Gesamtbevölkerung Japans. Zudem werden die Menschen zunehmend älter. Das durchschnittliche Alter hat sich von 22,3 Jahren (1950) auf 46,3 Jahre (2015) erhöht. Mehr als 20 Prozent aller Japaner sind älter als 65 Jahre (Schweiz: 15 %). Die Ursachen dieser Entwicklung liegen in der späten Heirat, guten Gesundheitsstandards, kleinen Wohnungen, der Arbeitstätigkeit der Frauen und den hohen Ausbildungskosten für Kinder.

> **Nachgedacht**
> Wie viel China und Japan steckt in der Schweiz?

Seltene Erden → Metalle, die für die Herstellung von Smartphones, aber auch von LED-Lampen oder Akkus gebraucht werden

Hauptstadt:	Tokio
Fläche:	377 835 km²
Einwohnerzahl:	126 045 000 (2018)
Bevölkerungsdichte:	337 Einwohner pro km²
Landschaftsvielfalt:	4 grosse und 6848 kleine Inseln; Lage an der Bruchzone von vier Plattengrenzen; bewaldete Gebirge auf grossem Teil der Hauptinseln
Klima:	im Norden kalt bis gemässigt; im Süden subtropisch

5 Steckbrief Japan

6 Einbau von Autoteilen in Nagoya, Japan

7 Der Hochgeschwindigkeitszug Shinkansen, ein Beispiel für Spitzentechnologie, fährt am Mount Fuji vorbei.

8 Japan ist im Hochtechnologiebereich Robotik weltweit führend.

Ostasien: Made in China

1 Eine Fabrik in Dongchuan (China) produziert Spielzeug für das «Happy Meal» von McDonald's.

2 Im Trend, aber nicht mehr nur billig: Made in China

Unternehmen	Umsatz	
Tencent	179 Mrd. USD	(Telekommunikation)
Alibaba Group	113 Mrd. USD	(elektronischer Handel)
China Mobile	46,3 Mrd. USD	(Telekommunikation)
Zum Vergleich		
Google	302 Mrd. USD	(Kommunikation, IT)
Apple	300,6 Mrd. USD	(Informationstechnik)
Coca-Cola	79,96 Mrd. USD	(Lebensmittelindustrie)
Disney	53,8 Mrd. USD	(Unterhaltung)
Starbucks	44,5 Mrd. USD	(Lebensmittelindustrie)
Nestlé	8,9 Mrd. USD	(Lebensmittel)

3 Drei chinesische Firmen gehören zu den wertvollsten Marken der Welt. Im Vergleich: US-amerikanische und europäische Konzerne

«Made in China» wird in der Regel mit billigem Schmuck, Spielsachen oder Kleidern assoziiert. Doch das entspricht schon seit einiger Zeit nicht mehr den Tatsachen. Auch wenn in China Massenware produziert wird, hat sich die Qualität in den letzten Jahren ständig verbessert.

Wirtschaftswachstum in China

Nach Schätzungen des Internationalen Währungsfonds (IWF) war China 2016 hinter den USA und vor Japan die zweitgrösste Volkswirtschaft der Welt. Die Wirtschaft Chinas wächst stark weiter. Das bedeutet im globalen Geschäft viel Einfluss und Macht. Marktforschungsinstitute ermitteln jedes Jahr die wertvollsten Marken respektive Firmen der Welt. Unter den 25 weltweit wertvollsten Marken befanden sich 2017 drei chinesische Firmen.

Arbeitsbedingungen und Umwelt

Die Arbeitsbedingungen in China sind sehr hart. Beschäftigte arbeiten oft ohne Pausen, und Überstunden werden nicht bezahlt. Die Firmen behaupten, dies geschehe freiwillig. Bei Reklamationen drohen Entlassungen. Häufig übernachten Angestellte in den Firmen, wo sie überwacht werden. Nicht immer sind Sicherheitsstandards gewährleistet, und es passieren Unfälle mit für die Angestellten lebenslangen Folgen. Auch die Umwelt leidet: Wasser und Luft sind vielerorts verschmutzt. China will dies in den nächsten Jahren ändern.

Alibaba Group – AliExpress

Eine der erfolgreichsten chinesischen Firmen ist die Alibaba Group mit dem Onlineshop AliExpress. Zur Alibaba Group gehören zwölf Tochterfirmen in den Bereichen Finanzen, Handel, Filmproduktion, Computer und Logistik.

AliExpress wird auch in der Schweiz eifrig genutzt, denn die Onlinebestellungen funktionieren ohne Zwischenhandel. Die Bestellungen bei AliExpress haben diejenigen bei Galaxus bereits 2017 überholt. Auch Schweizer Firmen investieren in die Alibaba Group, weil in China Schweizer Produkte verkauft werden sollen, etwa Bonbons, Guetsli, Schokolade, Kaffee oder Uhren.

Globalisierung

Die bei uns noch wenig bekannten Firmen wie Alibaba oder Tencent erobern den Weltmarkt. Dies gelingt, weil der chinesische Markt extrem gross ist und die Dienste von Millionen von chinesischen Kunden selbst genutzt werden. Weltweit wird also mit Produkten aus China gehandelt.

In Schwellenländern, beispielsweise entlang der neuen Seidenstrasse, siedeln chinesische Firmen an. China baut dort Strassen, Strom- und Wasserleitungen sowie das Internet aus. Später kann in diesen Ländern noch billiger produziert werden als in China. So sichert sich China mit Handelsbeziehungen den Zugang zu Landflächen und Rohstoffen ausserhalb des eigenen Landes und macht andere Länder von sich wirtschaftlich abhängig.

Chinas Wirtschaft ist weltweit eine starke Konkurrenz mit hohem Einfluss. Auch Schweizer Firmen wurden in den letzten Jahren von chinesischen Firmen aufgekauft. So ist China ein wichtiger Teil der wirtschaftlichen Globalisierung geworden.

4 Pop-up-Laden von AliExpress in Madrid, 2017

5 Starbucks und Tencent lancierten 2017 die Kommunikationsplattform WeChat.

Nachgedacht
Warum sind Produkte aus China für uns attraktiv?

6 Transportdreirad mit Werbung der Alibaba-Tochterfirma Tmall

Methode: Karikaturen auswerten

Eine Karikatur ist eine meist witzige Zeichnung von Menschen, Dingen oder bestimmten Situationen, deren Merkmale übertrieben oder verzerrt dargestellt werden. Sie regt die Betrachterinnen und Betrachter zum kritischen Nachdenken über einen Inhalt an. Karikaturen kann man nur verstehen, wenn man Kenntnisse über die dargestellte Situation hat.

Schritt 1: Beschreiben
Benenne, was in der Karikatur dargestellt ist:
- Nenne das Thema (Bildlegende oder Titel).
- Beschreibe die abgebildeten Personen oder Personengruppen oder Gegenstände.
- Beschreibe die dargestellten Situationen.
- Erkläre, was in den Texten steht und wer was sagt.

Schritt 2: Interpretation
Analysiere den Inhalt der Karikatur:
- Nenne, welche Symbole verwendet werden und welche Bedeutung sie haben.
- Erkläre das dargestellte Problem.
- Diskutiere, an wen sich die Karikatur richtet.
- Nenne die Hauptaussage der Karikatur.

Schritt 3: Beurteilen und Stellung nehmen
- Zeige auf, was übertrieben dargestellt ist und was neutral.
- Begründe, ob die Karikatur gerechtfertigt ist.
- Begründe, ob die Darstellung die reale Situation gut trifft.
- Äussere deine Meinung zum Thema.

1 Gastarbeiter in Katar

Denk weiter: Katar als Gastgeber der Fussballweltmeisterschaft 2022

Grossanlässe: Erfolg für die Wirtschaft?

Sportliche Grossanlässe wie Olympische Spiele oder Fussballmeisterschaften werden oft für ihre Fähigkeit gerühmt, die Wirtschaft anzukurbeln. Um sie durchführen zu können, müssen in relativ kurzer Zeit Sportanlagen, Unterkünfte, Verpflegungs- und Erholungsmöglichkeiten speziell für diesen einen Anlass gebaut werden. Der Anlass selbst dauert höchstens ein, zwei Monate; dann ist alles vorbei und oft werden die Anlagen danach nicht mehr genutzt. Lohnt sich dies tatsächlich?

Das Beispiel Katar: Fussballweltmeisterschaft in einem der reichsten Staaten der Welt

Dank des Exports von Erdöl und Erdgas gehört Katar zu den reichsten Staaten der Welt. Die 2,6 Millionen Einwohner leben auf einer Fläche, die etwa doppelt so gross wie der Kanton Bern ist. Nur 600 000 der Einwohner sind Frauen, nur rund 12 Prozent Katari.
In den letzten Jahren wurden die Stadtentwicklung, die Verkehrsinfrastruktur und der Tourismus vorangetrieben. Auch Sport soll Motor der Wirtschaft sein. Verschiedene Weltmeisterschaften – etwa im Handball, Schwimmen oder in der Leichtathletik – wurden bereits in Katar ausgetragen.
Im Jahr 2022 soll es die Fussballweltmeisterschaft sein – ein weiterer Grossanlass. Dafür werden neue Sportanlagen gebaut, öffentliche Verkehrsmittel, der Hafen und der Flughafen erweitert sowie Strassen und Hotels neu errichtet.

Kritik am Grossanlass

- *Arbeitsbedingungen:* Katar fehlen eigene Arbeitskräfte. Die Gastarbeiter arbeiten oft 18 Stunden pro Tag, dies bei meist 40 °C Hitze. Ihr Lohn ist gering, die Sicherheitsstandards sind mangelhaft, was zu häufigen Unfällen führt. Untergebracht sind die Arbeiter in engen Zimmern ausserhalb der Stadt in unhygienischen Zuständen. Ihre Rechte sind stark begrenzt.
- *Klima/Energie:* Katar liegt in der Wüste; dort ist es zu heiss zum Spielen. Die WM findet deshalb im Winter (November) statt. Alle Tribünen und Stadien werden klimatisiert.
- *Wirtschaft:* Es profitieren nur einige wenige vom Grossanlass, darunter die Organisatoren oder die Regierung des Landes. Die Arbeiter werden ausgenützt. Oft wird auch von Korruption gesprochen.

1 Doha, die Hauptstadt Katars, hat sich in wenigen Jahrzehnten von einem Fischerdorf in eine Metropole verwandelt.

2 Die Gastarbeiter in Doha stammen aus Nepal, Pakistan, Indien, Nord- oder Ostafrika.

Nachgedacht
Wie sind die Bedingungen bei anderen Grossanlässen?

Produktion und Konsum
Regional oder global?

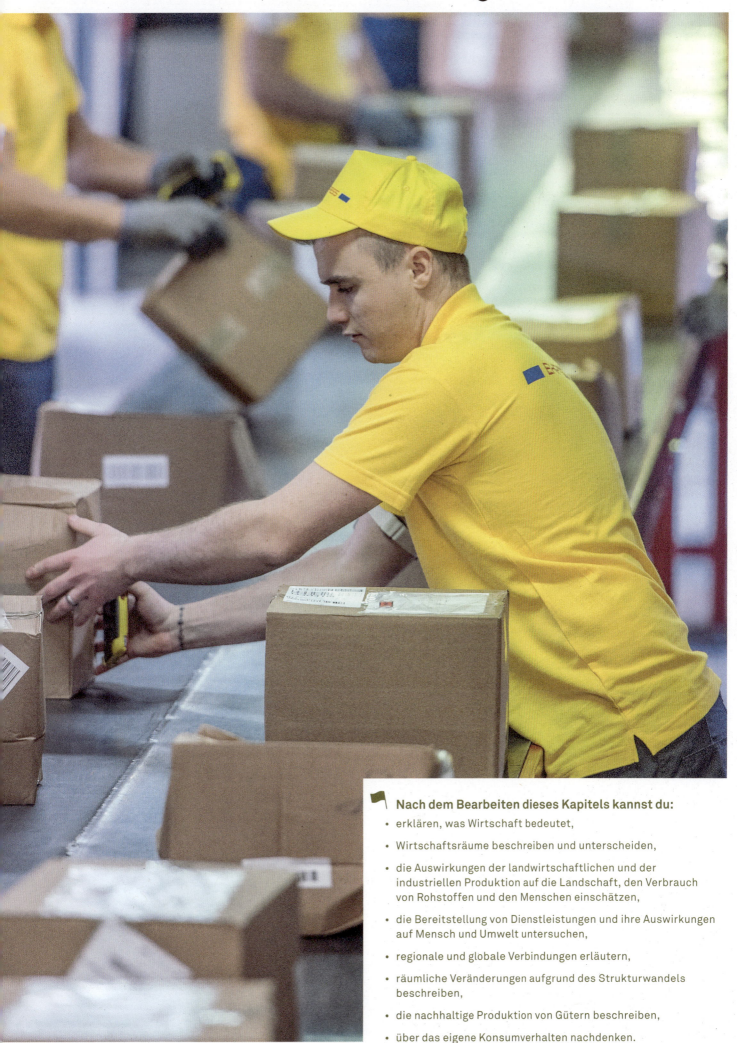

Nach dem Bearbeiten dieses Kapitels kannst du:

- erklären, was Wirtschaft bedeutet,
- Wirtschaftsräume beschreiben und unterscheiden,
- die Auswirkungen der landwirtschaftlichen und der industriellen Produktion auf die Landschaft, den Verbrauch von Rohstoffen und den Menschen einschätzen,
- die Bereitstellung von Dienstleistungen und ihre Auswirkungen auf Mensch und Umwelt untersuchen,
- regionale und globale Verbindungen erläutern,
- räumliche Veränderungen aufgrund des Strukturwandels beschreiben,
- die nachhaltige Produktion von Gütern beschreiben,
- über das eigene Konsumverhalten nachdenken.

Wirtschaft findet in verschiedenen Wirtschaftsräumen statt

1 Der Rheinhafen Basel ist für den Handel sehr wichtig: Güter werden von Schiffen auf Züge verteilt und weitertransportiert.

Was ist Wirtschaft?

Wirtschaft ist alles, was mit der Produktion und der Verteilung von Gütern und der Bereitstellung von Dienstleistungen zu tun hat. Wirtschaft dient dazu, die Bedürfnisse der Menschen zu befriedigen. Um Wirtschaft zu betreiben, werden arbeitende Menschen und Geld für den Handel benötigt. Wirtschaft braucht Firmen, private Haushalte und öffentliche Institutionen (z. B. Banken). Zur Wirtschaft gehören die Herstellung, der Verkauf, Tausch und Konsum sowie die Verteilung und Entsorgung von Waren und Dienstleistungen.

Regional oder global

Regional heisst: Güter und Dienstleistungen werden in einer bestimmten Region (z. B. in der Schweiz) hergestellt, gehandelt, verkauft und konsumiert.

Global heisst: Güter werden beispielsweise in der Schweiz produziert, aber auf der ganzen Welt gehandelt, verkauft und konsumiert. Oder sie werden im Ausland produziert und in die Schweiz eingeführt.

Formell oder informell

Formell heisst: Die Menschen haben Arbeitsverträge, geregelte Arbeitszeiten, vereinbarte Löhne und Versicherungen, etwa bei Berufsunfällen.

Informell heisst: Die Menschen arbeiten ohne Vertrag, ohne Versicherungen und in der Regel gegen schlechte Bezahlung. Informelle Arbeit heisst auch Schwarzarbeit. In der Schweiz ist sie verboten.

Sektoren der Wirtschaft

Wirtschaft findet in verschiedenen Wirtschaftsräumen statt. Sie werden nach der Art der Produktion in drei Bereiche (= Sektoren) unterschieden:

Primärsektor: Land- und Forstwirtschaft
– typische Berufe: Bauer/Bäuerin, Förster, Viehzüchterin, Fischer, Jägerin, Alphirt usw.
– Produkte: Gemüse, Kartoffeln, Raps, Sonnenblumen, Getreide, Obst, Wein, Milch, Fleisch, Tomaten, Zucker usw.
– Beschäftigte in der Schweiz: 3,1 % (2017)
– Herausforderungen: Abnahme der Beschäftigten und der Betriebe, tiefe Löhne, Arbeitsintensität, Zunahme der Betriebsgrössen, strenge Vorschriften, schwierige Berglandwirtschaft

Sekundärsektor: Industrie und Gewerbe
– typische Berufe: Automobil-Fachfrau/-mann, Bauzeichnerin, Maurer, Gärtnerin, Schreiner, Bäckerin, Dachdecker, Ingenieurin usw.
– Produkte: Uhren, Maschinen, Medizintechnik, Medikamente, chemische Erzeugnisse (z.B. Dünger), Nahrungsmittel (Käse, Schokolade), Kosmetikartikel usw.
– Beschäftigte in der Schweiz: 21,1 % (2017)
– Herausforderungen: zunehmend geringerer Bedarf an Personal, dafür teure Maschinen; Konkurrenzdruck durch Ausland, grosser Exportanteil

Tertiärsektor: Dienstleistungen und Informationen
– typische Berufe: Kauffrau/-mann (KV), Informatikerin, Logistiker, Medizinische Praxisassistentin (MPA), Fachfrau Gesundheit (FaGe), Fachfrau Betreuung (FaBe), Lehrerin, Hoteldirektor, Pöstlerin, Kellner, Bankangestellte, Coiffeur, Detailhandelsfachmann/-frau, Polizistin, Journalist, Arzt/Ärztin usw.
– Beispiele: Handel, Verkehr, Tourismus, Verkauf, Schönheits- und Gesundheitsdienst, Gastgewerbe, Detailhandel, Bank, Versicherung, Beratung, Kommunikation, Bildung, Forschung, Unterhaltung, IT-Dienst usw.
– Beschäftigte in der Schweiz: 75,8 % (2017)
– Herausforderungen: Teilzeitarbeit, Technologisierung, Stellenabbau, Fachkräftemangel

> **Nachgedacht**
> Was dominiert an deinem Wohnort: Landwirtschaft, Industrie oder Dienstleistungen?

2 Landwirtschaft: Bauer beim Heuen mit dem Traktor, Kanton Aargau

3 Industrie: Glasi Hergiswil, Kanton Luzern

4 Dienstleistungen: Einkaufen und Gastronomie, Genf

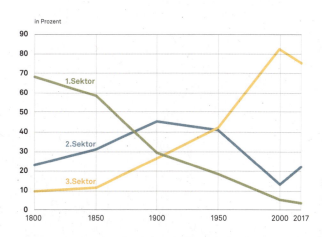

5 Entwicklung der Beschäftigten in den Wirtschaftssektoren, Schweiz

Stars in der Tüte – Lady Claire, Lady Rosetta & Co.

Anbau
Die Kartoffeln werden mit einer Setzmaschine angepflanzt.

Kartoffelpflanze mit Erddamm
Ursprünglich wurde sie als Zierpflanze nach Europa importiert, heute ist sie ein wichtiges Nahrungsmittel.

Kartoffelernte
Etwa 2–3 Wochen nachdem das Kraut abgestorben ist, können die Kartoffeln geerntet werden. Der Zeitpunkt kann vom Bauern leicht beeinflusst werden: Er kann das Kraut durch Abflammen oder mit mechanischen oder chemischen Methoden frühzeitig zum Absterben bringen.

Konsum in der Schweiz

2015 konsumierte jede Schweizerin und jeder Schweizer rund 45 Kilogramm Kartoffeln. Die Kartoffel ist in der Schweiz eines der wichtigsten Nahrungsmittel. Zudem isst jeder Mensch in der Schweiz etwa 1 Kilogramm Chips jährlich, am liebsten solche mit Paprikageschmack.

Vom Anbau bis zur Ernte

Im Frühling, ab April, werden Kartoffelknollen mit der Maschine gesetzt. Dies geschieht entweder automatisch oder halbautomatisch. Bei Letzterem lässt eine Person auf der Setzmaschine die Knollen in ein Setzrohr fallen. Das Saatbeet wird dann zu einem Damm angehäuft. Schädlinge und Unkraut werden je nach Anbauart unterschiedlich bekämpft.

Geerntet werden die Kartoffeln von Juni bis September, wenn das Kraut abgestorben und der Reifeprozess abgeschlossen ist. Bei der Ernte gräbt der Vollernter die Kartoffeln aus. Auf dem Förderband werden von Hand Steine, Erdschollen und kranke oder beschädigte Kartoffeln aussortiert. Die Kartoffeln lagern bis zur Weiterverarbeitung im Vorratsbunker. Der Bauer verdient etwa 30 bis 45 Rappen pro Kilogramm Kartoffeln.

Ernte
Die Kartoffeln werden auf dem Vollernter von Hand sortiert. Für die Verarbeitung zu Chips müssen die Kartoffeln zwischen 42 und 70 mm gross sein und dürfen keine Frassspuren oder andere Schäden aufweisen.

Von der Ernte bis zur Produktion

Rund 400 Schweizer Bauern liefern ihre Kartoffeln an die Produktionsstätte der Zweifel Pomy-Chips AG in Spreitenbach. Dort werden sie zu Chips verarbeitet. Wenn die Ernte in der Schweiz schlecht ausfällt, werden Kartoffeln aus dem Ausland dazugekauft.

Die Kartoffeln werden direkt bei der Anlieferung kontrolliert. Ihr Stärkegehalt muss stimmen, damit die Chips knusprig werden.

Die Herstellung dauert 30 Minuten. Zuerst werden die Kartoffeln gewaschen, dann in grossen Trommeln geschält, in feine Scheiben geschnitten und mit Wasser abgespült.

Die dünnen Scheiben werden im heissen Sonnenblumenöl knusprig gebacken und noch warm gewürzt. Danach werden die Chips verpackt. Nun sind sie für die Lieferung in Läden und Restaurants der Schweiz bereit. Ein Kilogramm Chips kostet etwa CHF 20.–.

Lagerung
Die Kartoffeln lagern in einer grossen Halle. Damit sie sich am Tageslicht nicht grünlich verfärben, werden sie in grünlichem Licht gelagert. In jeder Kiste befindet sich ein Zettel mit den genauen Herkunftsangaben.

Verarbeitung
Nach dem Frittieren werden die Chips getrocknet, gelockert und portioniert.

Würzen
Das genau abgewogene Paprikagewürz wird den Chips über eine Mühle beigegeben.

Verpackung
Die Chips werden abgefüllt und verpackt.

Nachgedacht
Warum ist es so schwierig, mit dem Essen von Pommes-Chips aufzuhören, wenn man einmal angefangen hat?

Nachgedacht
Welchen Einfluss haben Grossereignisse wie eine Fussballweltmeisterschaft auf die Chipsproduktion?

Lachs ist nicht gleich Lachs

1 Die Lachsproduktion gehört zum Primärsektor Landwirtschaft.

2 Fisch- und Fleischkonsum in der Schweiz, 2017

Fischkonsum in der Schweiz

2017 wurden in der Schweiz pro Person 8,6 Kilogramm Fisch gegessen, am häufigsten Lachs mit total über 3300 Tonnen. In den letzten Jahren wurden Fische und Meeresfrüchte immer beliebter, auch wenn der Fleischkonsum etwa 15-mal höher ist. Weltweit liegt der Jahreskonsum pro Person bei 19 Kilogramm, in Europa bei 22 Kilogramm. Die Nachfrage nach Fisch steigt weltweit jährlich an.

Herkunft des Lachses

Über 96 Prozent der in der Schweiz konsumierten Lachsfische und Lachsprodukte stammen aus dem Ausland. Sie werden vor allem aus China, Peru, Indien, Japan, den USA (Alaska), Norwegen und Grönland in die Schweiz importiert. Dabei unterscheidet man zwischen Wildlachs und Zuchtlachs.

Beispiel: Wildlachs aus Alaska

10 % des in der Schweiz verkauften Lachses ist Wildlachs. Dieser wird beispielsweise in Alaska (USA) gefangen und anschliessend nach Europa bzw. in die Schweiz transportiert. Schon davor sind die Fische weit gereist:

- Junge Lachse schlüpfen aus Eiern im Kiesbett eines Bachs oder Flusses. (1)
- Während des ersten Lebensjahrs wandern sie mehrere Hundert Kilometer vom Fluss ins Meer. (2)
- Etwa drei Jahre leben Lachse im Meer, bis sie geschlechtsreif sind. Sie fressen Plankton und kleine Fische. (3)
- Nun können die Fische gefangen werden. (4)
- Fische, die nicht gefangen werden, reisen in die Geburtsgewässer zurück. Sie legen dort ihre Eier ab, dann sterben sie. (5)

3 Lachsfang in der Bristol Bay, Alaska

4 Wildlachse sind in ihrem Leben ständig unterwegs.

Die Fischerei ist für rund 800 Millionen Menschen weltweit eine wichtige Einkommens- und Nahrungsquelle. Die meisten Fische werden mit Netzen gefangen. Entweder werden diese nachts ausgelegt und die Fische schwimmen durch die Maschen hindurch. Sie verfangen sich mit Kiemen oder Flossen im Netz und werden so gefangen. Oder schnelle Schiffe fahren mit Schleppnetzen um Fischschwärme herum. So gelangen die Fische in das Netz, das zugezogen wird. Mit Kränen werden die vollen Netze aufs Schiff gehoben. Dort werden die Fische sortiert und verarbeitet. Problematisch an der Netzfischerei ist, dass viele Tiere, die nicht benötigt werden, als sogenannter Beifang mitgefischt und getötet werden, unter anderem Wale, Delfine, Schildkröten oder Vögel.

Beispiel: Zuchtlachs aus Norwegen

90 Prozent der Lachse stammen aus Zuchten in Aquakulturen. Norwegen produziert fast 60 Prozent aller Zuchtlachse, Chile liegt an zweiter Stelle. Seit 1980 hat Norwegen die Produktion von Zuchtlachs von 50 000 Tonnen auf über 1 Million Tonnen gesteigert.

- Die kleinen Lachse leben in Süsswasserbehältern auf dem Festland.
- Kunstlicht verlängert den Tag, dadurch fressen die Fische viel Fischmehl und Pflanzenstoffe.
- Nach etwa einem Jahr werden die Zuchtlachse geimpft und an das Salzwasser gewöhnt.
- In einem 120 Meter grossen Ringnetzgehege leben etwa 120 000 Lachse. Temperatur und Futter werden durch Computer gesteuert.
- Nach 2,5 Jahren werden die Fische auf Fabrikschiffe geladen, getötet und danach verarbeitet.

Durch die hohe Nachfrage sind fast 90 Prozent der Fischbestände überfischt. Es können zu wenig Jungtiere nachwachsen, es gibt zu wenig Fische. Auch Aquakulturen lösen das Problem aber nicht. In der Zucht werden auch Wildfische verfüttert; Chemikalien, Nahrungsreste, Impfstoffe und Fischkot verunreinigen die Meere. Lebensräume wie Mangroven gehen durch die Zuchtfarmen verloren.

Nachhaltige Produktion

Zwei Labels garantieren, dass die Fische aus umweltfreundlicher, nachhaltiger Produktion stammen. Das bedeutet: Fischerei wird schonend betrieben, die Fischbestände können sich erholen.

Import → Einfuhr von Waren aus dem Ausland in die Schweiz
Aquakultur → Kontrollierte Aufzucht von Fischen
Mangroven → Wälder an tropischen Küsten, die an das Salzwasser angepasst sind

5 Ein Futterschiff leitet Kraftwürfel in die Gehege einer Fischzucht.

6 Wenn die Zuchtlachse 4,5 bis 5 Kilogramm schwer sind, werden sie getötet.

7 Verarbeitung von Lachsfilets in einer Konservenfabrik in Alaska

8 Labels für nachhaltige Fischproduktion

Nachgedacht
Isst du Wildlachs oder Zuchtlachs?
Was ist besser?

Swiss made – Uhren als drittgrösstes Exportprodukt

1 Bunt, billig und aus Plastik: Swatch, die Uhr, die vom Kind bis zum Milliardär getragen wird.

Die Schweizer Uhrenindustrie

Uhren sind eines der wichtigsten Produkte der Schweiz. Sie werden nach Pharmaerzeugnissen und Maschinen am drittmeisten aus der Schweiz in andere Länder exportiert, am häufigsten nach Hongkong, in die USA und nach China.

2017 exportierte die Schweiz 24,3 Millionen Armbanduhren mit einem Wert von total 18,8 Milliarden Franken. Damit liegt sie nach China (688 Mio.) und Hongkong (227 Mio.) weltweit auf dem dritten Rang. Der Durchschnittspreis einer exportierten Schweizer Uhr liegt mit 827 Dollar bedeutend höher als der Durchschnittspreis einer exportierten Uhr aus China (4 Dollar) oder Hongkong (26 Dollar). Aus diesem Grund verdient die Schweiz viel mehr an den exportierten Uhren als die anderen Länder (China: 5 Mia. Dollar; Hongkong: 8,4 Mia. Dollar).

Die Produktion der Schweizer Uhren

Uhren werden in der Schweiz vorwiegend in der Westschweiz hergestellt, vor allem in den Kantonen Neuenburg, Bern, Genf, Jura, Waadt und Solothurn. Die Uhrenindustrie war und ist in diesen Regionen ein wichtiger Arbeitgeber. Die Produktion ist auf ausländische Arbeitnehmerinnen und Arbeitnehmer angewiesen. Viele Fachkräfte stammen deshalb zum Beispiel aus Frankreich.

Mitte 16. Jh.:	Beginn der Schweizer Uhrenindustrie in Genf
Mitte 17. Jh.:	Aufstieg der Neuenburger Uhrenindustrie in Le Locle und La Chaux-de-Fonds
Mitte 19. Jh.:	Ausweitung der Uhrenindustrie in die Kantone Bern und Solothurn
Ende 19. Jh.:	Ausbreitung der Uhrenindustrie nach Basel und Schaffhausen
1960er-Jahre:	Die Uhrenbranche der Schweiz erreicht ihren Höhepunkt.
1967:	Die erste Quarzuhr wird in Neuenburg entwickelt.
1970er-Jahre:	Asiatische Quarzuhren kommen als billige Massenproduktion auf den Markt. Die Schweizer Uhrenbranche stürzt in eine schwere Krise. Viele Betriebe müssen schliessen, Mitarbeiter werden entlassen.
1983:	Die Swatch wird produziert. Die Schweizer Uhrenindustrie kehrt an die Spitze des Weltmarkts zurück.

2 Entwicklung der Uhrenindustrie in der Schweiz

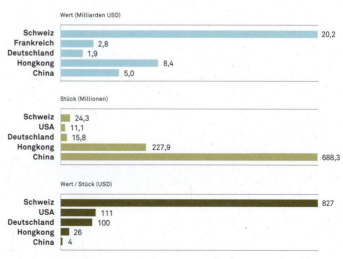

3 Werte und Stückzahlen von Uhren der grössten Exportländer, 2017

Mechanische Uhren – Quarzuhren

Unterschieden werden mechanische Uhren und Quarzuhren. Letztere benötigen eine Batterie, mechanische Uhren funktionieren ohne Batterie. Sie bestehen aus vielen winzigen Einzelteilen. Bei einer einfachen mechanischen Uhr sind es etwa 130 Teile, bei komplexeren Uhren können es über 1000 Teile sein.

Viele Bausteine einer mechanischen Uhr werden von Hand bearbeitet, bevor die Uhr zusammengesetzt wird. Dafür ist von den Uhrmacherinnen und Uhrmachern präzise Handarbeit nötig. Je nach Komplexität des Uhrwerks und Ausstattung der Uhr (z.B. mit Edelsteinen) ist eine mechanische Uhr deshalb sehr teuer. Luxusuhren wie Omega oder Rolex kosten oft mehr als CHF 10 000.–. Mechanische Uhren tragen zum grössten Teil des Umsatzes und des Gewinns bei. Sie sind sehr beliebt und stehen für gute Schweizer Qualität. Quarzuhren sind günstiger, weil ihre Produktion nicht so aufwendig ist. Etwa ab 1975 konnten Quarzuhren als Massenprodukt gekauft werden.

Schwierige Phasen in der Uhrenindustrie

Der Handel mit Schweizer Uhren war nicht immer nur erfolgreich und gewinnbringend. In den 1970er-Jahren stürzte die Schweizer Uhrenindustrie in eine tiefe Krise, da asiatische Quarzuhren als viel billigeres Massenprodukt auf den Markt kamen. Viele Betriebe mussten schliessen. Es schien, als stünde die Schweizer Uhrenindustrie vor dem Aus.

Rettung durch die Swatch

Anfang der 1980er-Jahre wurde eine billige, modische Quarzuhr mit farbigem Plastikgehäuse entwickelt und in Massenproduktion hergestellt. Die Swatch – Second Watch – wurde erfunden. Sie ermöglichte der gesamten Uhrenindustrie einen Wiederaufschwung. Die moderne, frisch gestaltete Uhr wird bis heute weltweit erfolgreich vermarktet.

Internationaler Handel und Verkauf

Geschäfte, in denen Schweizer Uhren verkauft werden, sind weltweit sehr schnell und gut erkennbar: Die Verkaufsstellen liegen zentral an berühmten Adressen, in den angesehensten und teuersten Einkaufsquartieren oder Shoppingcentern der ganzen Welt. Reisende, die die Schweiz besuchen, kaufen oft eine Uhr als Andenken. Überall wird mit Schweizer Uhren für gute Qualität geworben.

Export → Ausfuhr/Verkauf von Schweizer Produkten in andere Länder

---

Nachgedacht

In welchen Bereichen werden bei der Zeitmessung weltweit Schweizer Uhren eingesetzt?

Nachgedacht

Warum tragen Prominente gerne Schweizer Uhren und zeigen sie bei jeder Gelegenheit?

4 Mechanische Uhren sind oft Luxusobjekte und gelten als Statussymbol. Viele Prominente tragen mechanische Uhren aus der Schweiz. Der Uhrenkonzern Rolex erzielt von den Schweizer Marken am meisten Umsatz.

5 Bei der Herstellung einer mechanischen Uhr ist präzises Handwerk gefordert.

Der Bleistift – ein langer Weg bis zum Schulzimmer

1 Im Schulzimmer unverzichtbar: Bleistifte aus der Schweiz

> **Nachgedacht**
> Welche Erinnerungen verbindest du mit Bleistiften und Farbstiften?

2 Grafitkörner

3 Zedernholzstämme aus Kalifornien, USA

Entwicklung

Um 1730 begann rund um Nürnberg (Deutschland) die erste Bleistiftproduktion. Die Technik wurde zunehmend verfeinert und weitere Unternehmen entstanden: Faber-Castell, Staedtler, Schwan-Stabilo. Die Schweizer Firma Caran d'Ache wurde 1924 gegründet. Sie hat ihren Sitz heute in Thônex bei Genf.

Ursprünglich waren Bleistifte rund. Weil sie immer vom Tisch rollten, wurden sie sechseckig gestaltet.

Rohstoffe

Bleistifte werden aus Holz, Grafit und Ton hergestellt. Die Bleistiftmine besteht aus Ton und Grafit. Letzterer ist ein weiches Mineral aus Kohlenstoff, der Ton wirkt als Bindemittel. Grafit kommt als Flocken oder Körner in kohlenstoffreichem Gestein vor. Er wird im Untertagebau in Bergwerken gewonnen, meistens in China, Korea, Madagaskar, Brasilien oder Indien.

Das Holz für die Bleistifte stammt von Zedern. Dieses Holz ist ideal, da es wenige Astlöcher hat. Weil Zedern langsam wachsen, sind sie teuer. Neuerdings wird deshalb auch das Holz von Pinien, Ahornen oder Linden verwendet. Die Hölzer werden auf firmeneigenen Plantagen in den USA, Südamerika oder Afrika gewonnen. Viele Unternehmen achten heute darauf, FSC-Standards einzuhalten.

Produktion

Für die Bleistiftmine werden Ton und Grafit gemischt. Je mehr Grafit beigefügt wird, desto weicher wird der Bleistift. Das Gemisch wird geknetet, dann bei hohem Druck in eine Düse gepresst. Die weichen und biegsamen Minen werden getrocknet und bei 1000 °C gehärtet. Ein Wachsbad macht die Mine geschmeidig, damit sich gut mit ihr schreiben lässt.

Der Stamm des Baums wird in mehreren Schritten zu schmalen Brettchen verarbeitet. In diese werden Rillen gefräst. In die Rillen kommen die Minen, ein zweites Brettchen wird darübergeklebt. Ein Spezialleim verhindert, dass die Mine rutscht. Eine Hobelmaschine schneidet aus den Brettchenstapeln zehn sechseckige Stifte aus. Der Rohbleistift wird mit einem Speziallack überzogen. Dann werden das Firmenlogo und der Härtegrad am Bleistiftende eingraviert und der Bleistift wird gespitzt.

Handel

Wie viele Bleistifte pro Jahr hergestellt werden, ist nicht genau bekannt. Vier grosse deutsche Firmen produzieren jährlich etwa 3 Milliarden Bleistifte, in der Schweiz sind es etwa 1,3 Milliarden. Sie werden vor allem in Papeterien verkauft. Am meisten verbreitet ist der Bleistift aber in den Schulen – das ist auch im Ausland so. Bleistifte aus Deutschland und der Schweiz werden in die ganze Welt verschickt und dort verkauft. Sie sind auch über den Onlinehandel erhältlich und können bei vielen Firmen bestellt werden.

Transportwege

Hölzer und Grafit werden meist mit Schiffen nach Europa bzw. zu den Fabrikstandorten transportiert. Die fertigen Bleistifte gelangen in der Schweiz mit Lastwagen zu den Verteilern. Der Transport in Läden auf der ganzen Welt erfolgt meist mit dem Flugzeug. Für den Onlinehandel verursacht dies weitere Transportwege und Transportmittel.

Konsum

Bleistifte werden zum Zeichnen und Schreiben verwendet. Es gibt viele verschiedene Härtegrade. Bleistifte sind einfach in der Anwendung und schreiben auf fast jedem Untergrund. Bei Fehlern können Bleistiftlinien wegradiert werden. Gibt man dem Bleistift bei der Produktion Farbpigmente zu, entstehen Farbstifte. Sie sind unverzichtbar im Haushalt und den Schulen.

Entsorgung, Recycling

Beim Spitzen wird der Bleistift immer kleiner. Am Schluss bleibt kaum Abfall übrig.

FSC-Standard → Label für die Sicherstellung der nachhaltigen Waldnutzung mit zehn Kriterien

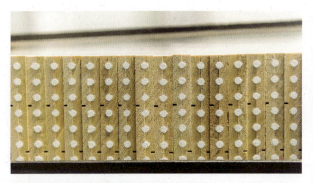

4 Holzbrettchen mit Minen, ungeschnitten

5 Bleistiftrohlinge

6 Farbstiftproduktion

7 Bleistift- und Farbstiftverkauf im Laden

Nachgedacht
Warum heisst der Bleistift Bleistift, obwohl er gar kein Blei enthält?

Dienstleistungen bereitstellen – Tourismus in Zermatt

1 Zermatt gehört zu den bekanntesten Feriendestinationen der Schweiz.

Dienstleistungen werden nicht wie Gegenstände produziert, sondern in Form von verschiedenen Produkten bereitgestellt. Diese können von anderen Menschen gekauft oder genutzt werden.

Das Beispiel Zermatt

Zermatt ist ein Dorf auf 1610 m ü. M. im Kanton Wallis. Es liegt am Fuss des Matterhorns und gilt als Hotspot für den Schweizer Tourismus. Jährlich lockt Zermatt knapp zwei Millionen Touristinnen und Touristen an, das sind durchschnittlich etwa 5300 Personen pro Tag. Zermatt ist flächenmässig mit rund 240 Quadratkilometer eine der grössten Gemeinden der Schweiz. Es wohnen etwa 5800 Menschen ständig in Zermatt. Der Ort ist autofrei, er lässt sich nur mit dem Zug erreichen.

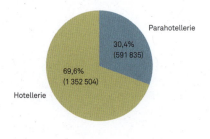

2 Übernachtungen in der Hotellerie und der Parahotellerie in Zermatt, 2017

Top 10 (Nationen) in Zermatt	Hotellerie 2017	Parahotellerie 2017	Total 2017
1. Schweiz	574 973	237 565	**812 538**
2. Deutschland	112 381	38 741	**151 122**
3. Grossbritannien	102 169	23 107	**125 276**
4. USA	101 066	13 673	**114 739**
5. Japan	68 919	2 514	**71 433**
6. Frankreich	34 008	11 503	**45 511**
7. Taiwan	33 534	1 968	**35 502**
8. China (ohne Hongkong)	27 956	4 245	**32 201**
9. Russland	26 036	4 891	**30 927**
10. Südkorea	26 036	1 689	**27 725**

3 Herkunft der Touristen in Zermatt, 2017

Dienstleistungen in Zermatt

Zahlreiche Dienstleistungen werden nur für die vielen Touristinnen und Touristen bereitgestellt. Die einheimische Bevölkerung würde sie nicht in diesem Ausmass benötigen:

– Unterkunft: Hotel, Ferienwohnung, Campingplatz, Massenlager, Schlafen im Stroh
– Verpflegung: Restaurant, Hotel, Einkaufsladen, Bergrestaurant, Getränkehandel
– Transport: Bergbahn, Skilift, Elektroauto und Kutsche für den Personen- und Gepäcktransport, Parkplatz, Zug und Flugzeug für die Anreise
– Freizeit: Skipiste (Sommer und Winter), Wanderweg, Führung, Museum, Event, Festival, Bar, Disco, Spielplatz, Bergsteigerkurs, Sportanlass
– Sicherheit: Polizei, Feuerwehr, Sanität, Arzt, Air Zermatt (Rettungsdienst)
– Gesundheit: Massage, Schönheitspflege, Sauna, Nagelstudio, Coiffeur, Fusspflege
– Information/Beratung: Tourismusbüro, Werbung, Internet, WLAN, Flyer für Veranstaltungen
– Energie: Wasser, Strom, Treibstoff für Bahnen, Schneekanone, Beleuchtung (auf Skipiste)
– Verschiedenes: Abfallbeseitigung, Reinigung, Bau von Wohnungen und Verkehrswegen, Wäschereinigung

Globale Bedeutung

Einige dieser Dienstleistungen reichen weit über Zermatt hinaus: Beispielsweise reisen viele Gäste von ausserhalb von Europa nach Zermatt. Sie benötigen Flugzeuge und den Zug, bis sie in Zermatt ankommen. In Städten wie Zürich wird für Zermatt geworben, damit möglichst viele, auch internationale Gäste angelockt werden.

Wer leistet die Dienstleistung?

Dienstleistungen sind Leistungen, die Menschen für andere Menschen anbieten, zum Beispiel putzen, kochen, informieren, Haare schneiden, Wanderungen begleiten, Skifahren beibringen, Koffer transportieren, Flyer herstellen.

Wie an vielen anderen Orten werden diese Dienstleistungen auch in Zermatt nicht nur von der einheimischen Bevölkerung erbracht. Das wäre nicht leistbar und viel zu teuer. Deshalb werden oft auch ausländische Arbeitskräfte angeworben.

In Zermatt kommen die meisten ausländischen Arbeitskräfte aus Portugal. Sie haben schon seit den 1980er-Jahren Arbeit in der Schweiz gefunden und sind oft mit den ganzen Familien hergezogen. In Zermatt selbst gibt es für die vielen Arbeitskräfte keine günstigen Wohnungen. Sie wohnen daher fast alle im Nachbardorf Täsch. Dieser Ort ist dadurch fast zu einem portugiesischen Dorf in der Schweiz geworden.

4 Ferienwohnungen und Matterhorn

5 Station der Gondelbahn zum Schwarzsee

6 Gornergrat und Matterhorn

Nachgedacht
Welche Vorteile und welche Nachteile ergeben sich aus dem Tourismus in Zermatt?

Parahotellerie → Unterkünfte für Reisende, aber keine Hotels, z. B. Ferienwohnung, Pension, Jugendherberge, Pfadfinderheim

Online gewinnt, offline verliert?

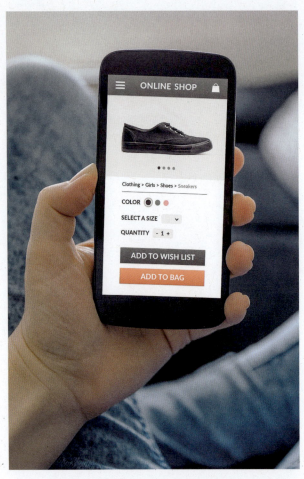

1 Mit wenigen Klicks können im Internet Produkte aus aller Welt bestellt werden.

Heute bestellt – morgen geliefert

Noah will eine neue, trendige Jacke kaufen und dabei aus einem grossen Angebot auswählen. Wie viele andere auch kauft er sie deshalb im Internet: Er tippt den gewünschten Artikel in die Suchmaschine ein, wählt das günstigste Produkt aus, bestellt es bei einem der vielen Anbieter und klickt «Bezahlen gegen Rechnung» an. Nach wenigen Tagen erhält er das Paket, die Rechnung legt er der Mutter hin.

Der Onlinehandel wächst

Der Onlinehandel boomt, das Einkaufen über das Internet nimmt seit Jahren zu. Schweizer Konsumentinnen und Konsumenten kauften 2017 für rund 8,5 Milliarden Franken im Internet ein. Das ist doppelt so viel wie noch vor zehn Jahren. Insbesondere Heimelektronik und Kleider werden online gekauft. Und oft werden Waren auch dann bestellt, wenn man weiss, dass man sie womöglich wieder zurückschickt.

Der Trend zeigt, dass die Waren nicht nur bei Schweizer Onlineshops bestellt werden. Immer öfter liefern auch Anbieter aus dem Ausland in die Schweiz. Die meisten Pakete stammen aus China oder den USA.

Vorteil des Onlineshoppings

Es gibt gute Gründe für das Onlineshopping:
- Einkaufen ist unabhängig von Ladenöffnungszeiten möglich.
- Das Produkt wird schnell und direkt nach Hause geliefert.
- Die Auswahl ist gross.
- Die Produkte verschiedener Anbieter können auf einfache Weise verglichen werden.
- Die Preise sind oft niedriger als im Detailhandel.
- Der Versand ist oft gratis.

Vorteil des Einkaufserlebnisses

Auch das Einkaufen in einem Ladengeschäft hat Vorteile:
- Die Produkte können vor dem Kauf angefasst und angesehen werden.
- Im Laden ist es möglich, Produkte anzuziehen und anzuprobieren.
- Es gibt eine persönliche Beratung.
- Es kann sofort bestimmt werden, ob das Produkt gefällt oder nicht.
- Es ist keine (kostenpflichtige) Rücksendung nötig.

2 Eine persönliche Beratung ist jedem zweiten Kunden wichtig. Dennoch werden immer mehr Produkte im Internet bestellt.

> **Nachgedacht**
> Ist das Shoppen in Ladengeschäften out?

> **Nachgedacht**
> Wie können leer stehende Verkaufsflächen wieder vermietet werden?

3 Mitarbeiterinnen und Mitarbeiter holen die Produkte aus dem Lager, verpacken sie in Pakete und stellen sie für den Weitertransport mit dem Lastwagen bereit.

Des einen Freud, des anderen Leid

Heute lassen sich viele Käuferinnen und Käufer in Geschäften beraten, kaufen das Produkt dann aber online. Das Wachstum des Onlinehandels ist für die Geschäfte im Detailhandel hochproblematisch. Sie verdienen immer weniger, müssen aber dennoch Löhne für das Personal und Ladenmieten bezahlen. Viele Geschäfte ohne Onlineangebot müssen daher schliessen oder werden an grosse Firmen verkauft, die Angestellten werden entlassen. In der Schweiz hat 2017 die Anzahl der Geschäfte, die leer stehen, um zehn Prozent zugenommen. Betroffen sind nicht nur Geschäfte in Städten, sondern auch in Dörfern, vor allem Kleiderläden.

Arbeitsbedingungen in Logistikzentren

In den Industrie- und Gewerbegebieten entstehen zunehmend mehr Logistikzentren, etwa in Neuendorf SO. Dort werden die Waren gelagert, eingepackt und an die Empfänger verschickt. Die Arbeit in diesen Logistikzentren ist anstrengend. Gearbeitet wird immer im Stehen und Gehen. Je nach Unternehmen sind die Arbeitszeiten lang und die Löhne tief. Die immer gleichen Aufgaben müssen oft rasch erledigt werden – je schneller die Menschen arbeiten, desto mehr Pakete können ausgeliefert werden. Viele Arbeitnehmende müssen auf Abruf bereitstehen: Sie wissen erst am Abend, ob sie am anderen Tag gebraucht werden. Ihren Lohn erfahren sie erst nach dem Einsatz. Nur wenige Mitarbeiterinnen und Mitarbeiter wehren sich, die meisten fürchten um ihren Job. Es ist deshalb sinnvoll und nötig, wenn Forderungen nach besseren Löhnen, Zuschlägen für Sonn- und Feiertage sowie geregelten Arbeitsverträgen öffentlich diskutiert werden.

Auswirkungen auf die Post

Die Post liefert aufgrund des wachsenden Onlinehandels immer mehr Pakete aus – die Tendenz ist steigend. 2017 verarbeitete die Post 122 Millionen Pakete, das sind 10 000 Pakete pro Tag und 7 Millionen Pakete mehr als 2015. Dadurch nimmt der Verkehr auch in den Ortschaften zu. Gemäss Prognosen wird der Onlinehandel weiterhin zunehmen.

4 Mitarbeiter sortieren Pakete in einem Logistikzentrum am Onlineshopping-Festival «Singles Day» in Xi'an, China.

5 Logistikzentren entstehen neu oder werden ausgebaut: Die Migros erweitert das Onlinegeschäft mit einer neuen Lagerhalle in Neuendorf (Kanton Solothurn).

> **Nachgedacht**
> Welche Auswirkungen hat eine «Zalando-Party»? Wie stehst du dazu?

Strukturwandel – Dienstleistungen verdrängen die Industrie

1 Textilfabrik in Mels (Kanton St. Gallen) vor dem Umbau

2 Textilfabrik in Mels (Kanton St. Gallen) nach dem Umbau und der Umnutzung (Visualisierung)

3 Kinderfest St. Gallen: Die Kleider sind mit Stickereien verziert.

Strukturwandel

In vielen Städten Europas, so auch in der Schweiz, hat sich in den letzten Jahren ein Wandel vollzogen: Alte Industrieanlagen, Lagerhallen und Fabriken werden zu modernen Gebäuden umgebaut.
Die industrielle Produktion hat sich gewandelt: Maschinen erledigen die Arbeit, Waren werden sofort transportiert, Lagerhallen sind überflüssig. Diese Veränderungsbewegungen von der Industriegesellschaft hin zur Dienstleistungsgesellschaft nennt man Strukturwandel.

Erinnerungen an die Vergangenheit

In St. Gallen erinnert alle drei Jahre ein grosses Kinderfest an die erfolgreiche Zeit der Textilindustrie. Am Festumzug mit über 6000 Teilnehmenden und 30 000 Besuchern zeigen die Kinder Kleider mit Stickereien.

Auch berühmte Schauspielerinnen tragen spitzenbesetzte Kleider aus St. Gallen. Sie erinnern daran, dass die Textilindustrie der Schweiz einst Weltspitze war.

Textilindustrie in der Ostschweiz

Die Textilindustrie prägte St. Gallen und die Ostschweiz sehr lange. Im 17. und 18. Jahrhundert lebten die meisten Menschen von der Textilarbeit. In den Wohnhäusern standen Handwebstühle und Spinnräder. Die ganze Familie arbeitete an den Stoffen.

1801 wurde in St. Gallen die erste Fabrik der Schweiz gegründet. Bis 1914 waren Stickereien das grösste Exportprodukt der Schweiz: Mehr als die Hälfte der weltweit verwendeten Stickereien kamen aus der Ostschweiz.

Nach 1914 brach das Stickereigeschäft zusammen. Die Textilfirmen schlossen und entliessen ihre Angestellten. Für neue Industrien (Metall, Maschinen, Lebensmittel) fehlten Fachkräfte.

Heute gibt es in der Ostschweiz nur noch wenige, spezialisierte Textilunternehmen. Die meisten Stoffe werden in China, Indien oder Bangladesch hergestellt, weil die Lohnkosten dort viel tiefer als in Europa sind.

> **Nachgedacht**
> Welche Industriezweige haben heute ihren Sitz in der Ostschweiz?

Strukturwandel im Ruhrgebiet

Auch in anderen Ländern zeigt sich der Strukturwandel. Ein eindrückliches Beispiel ist das Ruhrgebiet, eine Region rund um Bochum, Essen, Duisburg und Dortmund in Deutschland.

Vor 1800 …

Im Ruhrgebiet wurde vor 1800 vorwiegend Landwirtschaft betrieben. Es gab Bauernhöfe, Dörfer und kleine Städte, beispielsweise Duisburg und Dortmund mit je etwa 5000 Einwohnern.

4 Strukturwandel: im Vordergrund das alte Steinkohlebergwerk Prosper in Bottrop (Ruhrgebiet) – ein Industriedenkmal –, im Hintergrund die längste Skihalle Europas

Zwischen 1800 und 1958

Im Ruhrgebiet wurde Kohle abgebaut und Stahl hergestellt. Die Lage war günstig: Die Kohle lag vor Ort, sie wurde zum Heizen der Stahlöfen gebraucht. Der Stahl konnte auf dem nahe gelegenen Rhein transportiert werden. Gleichzeitig wurden Eisenbahnlinien durch Europa gebaut.

Nun veränderte sich die Landschaft. Riesige Fabrikgebäude, Bergwerke und gigantische Tagebaulöcher verdrängten Wiesen und Felder – und damit die Landwirtschaft. Fast alle Menschen arbeiteten in den Fabriken. Es wurden viele Arbeiter benötigt, die Bevölkerung wuchs rasant. Zwischen 1800 und 1905 stieg die Bevölkerungszahl in Bochum von 2200 auf 117 000 Einwohner. Das Ruhrgebiet wurde zum grössten industriellen Zentrum Europas.

Zwischen 1958 und 2002

In der Kohlekrise (1958) verdrängte Erdöl die Kohle als Brennstoff, weil es billiger war. Die deutsche Kohle war zu teuer geworden. In der Folge mussten Bergwerke schliessen, die Arbeiter wurden entlassen. Die Stahlkrise (1973) entstand, weil weniger Stahl benötigt wurde. Zudem war die Konkurrenz weltweit sehr gross. Weitere Fabriken, nun auch die Stahlfabriken, mussten schliessen. Zwischen 1980 und 2002 gingen 500 000 Arbeitsplätze in der Industrie verloren.

5 Waschhaus der Zeche Prosper II in den 1950er-Jahren

Ab 2002 …

Ab 1980 wurden 300 000 Arbeitsplätze im Dienstleistungssektor geschaffen. Fabrikgebäude wurden umgenutzt, und es entstanden unter anderem ein Freizeitpark, Parkanlagen, ein Zoo, Kinos, eine Sportanlage sowie ein Museum. Auch Universitäten und Technologiezentren siedelten im Ruhrgebiet an.

Das Ruhrgebiet hat aber insgesamt an Bedeutung verloren, der Strukturwandel ist schwierig. Heute leben etwa 5,1 Millionen Menschen in der Region, die Arbeitslosigkeit ist mit 10,5 Prozent sehr hoch.

6 Seit 2015 befindet sich im ehemaligen Waschhaus der Zeche Prosper II ein Grusellabyrinth.

Methode: Zeitungen auswerten

1 Tageszeitungen mit aktuellen Informationen

Tageszeitungen sind wichtige Quellen für aktuelle Neuigkeiten und Entwicklungen. Auch Hintergrundberichte zu Sachthemen findest du in Zeitungen. Die Informationen müssen aber kritisch geprüft werden, weil es Informationen aus zweiter Hand sind. So gehst du dabei am besten vor:

Schritt 1: Sich Überblick verschaffen
- Nenne den Titel des Artikels.
- Nenne das Thema des Artikels.
- Gib das Datum des Artikels an.
- Lies den Vorspann und bewerte, ob der Text zu deinem Thema passt.

Schritt 2: Zeitung auswählen
Oft schreiben mehrere Zeitungen etwas zum gleichen Thema. Wenn du mehrere Zeitungen auswählst, vergleiche die Artikel bzw. lies von jedem Artikel den Vorspann.
- Bewerte den Stil: Ist der Artikel sachlich oder eher reisserisch geschrieben oder gestaltet?
- Wähle aus, welche Zeitung bzw. welcher Text für dein Thema und dein Interesse am besten geeignet ist.

Schritt 3: Text genau lesen
- Übermale Begriffe, die du nicht verstehst. Schlage im Internet oder in einem Lexikon nach, was sie bedeuten, und notiere diese Erklärung am Rand des Textes.
- Unterstreiche Stellen, die für das Thema wichtig sind.
- Teile den Text in Abschnitte ein, die zusammengehören, und markiere die zueinander passenden Textteile mit der gleichen Farbe.
- Formuliere zu jeder Farbe einen Obertitel (z. B. Gründe, Folgen, Auswirkungen, Problem).

Schritt 4: Text zusammenfassen
- Notiere am Seitenrand oder auf einem separaten Zettel zu jedem Obertitel wenige Stichworte, die den Text wiedergeben.
- Oder: Notiere die Obertitel in einem Mindmap und ordne jedem Ast des Mindmaps passende Stichworte aus dem Text zu.

Denk weiter: Schattenwirtschaft und Schwarzarbeit

1 Schattenwirtschaft in Indonesien: ein Becak-Fahrer. Gäste werden mit den Fahrradtaxis transportiert; in Jakarta sind sie verboten.

2 Strassenverkäuferin in Kuba

3 Elektroniktrennung in Kolkata, Indien

Es kommt vor, dass Menschen ihrem Nachbarn helfen und dafür Geld erhalten. Oder sie verkaufen die eigenen Früchte auf einem Markt. Oder sie machen Musik auf der Strasse, putzen Schuhe, bieten Massagen am Strand an, putzen Wohnungen, helfen bei der Salaternte, pflegen kranke Menschen, servieren in einem Restaurant oder bauen Häuser.

Nicht immer werden diese Tätigkeiten mit Arbeitsverträgen, Lohnvereinbarungen und Steuerzahlungen geregelt. In diesem Fall werden sie als Schattenwirtschaft (toleriert) oder Schwarzarbeit (verboten) bezeichnet.

Legal oder illegal?

In den meisten Ländern der Welt ist Schwarzarbeit bzw. die Schattenwirtschaft illegal und deshalb verboten. Dennoch ist sie Teil des gesamten Verdiensts eines Landes. Schattenwirtschaft kann schlecht kontrolliert werden. In Ländern mit vielen armen Menschen und hoher Arbeitslosigkeit wird sie oft akzeptiert, weil es den Menschen dank ihr etwas weniger schlecht geht. In der Schweiz ist Schwarzarbeit verboten, ausser wenn es sich um Nachbarschaftshilfe handelt.

4 Auch auf Baustellen in der Schweiz ist Schwarzarbeit trotz Verbot verbreitet, daher gibt es regelmässige Kontrollen.

Merkmale der Schattenwirtschaft

– Die Arbeiten sind nicht staatlich registriert, deshalb werden keine Steuern und keine Sozialleistungen bezahlt (z. B. Pensionskasse, AHV).
– Es besteht kein Arbeitsschutz, und es gibt keine Arbeitsrechte, etwa bei Krankheiten oder Unfällen.
– Der Lohn ist abhängig von der eigenen Leistung.
– Oft ist nur ein geringes Einkommen möglich.
– Schwarzarbeiter und Schwarzarbeiterinnen sind meist billige Arbeitskräfte.

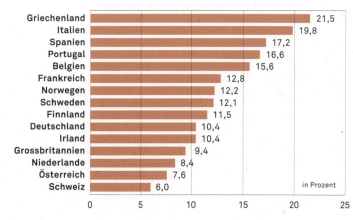

Land	in Prozent
Griechenland	21,5
Italien	19,8
Spanien	17,2
Portugal	16,6
Belgien	15,6
Frankreich	12,8
Norwegen	12,2
Schweden	12,1
Finnland	11,5
Deutschland	10,4
Irland	10,4
Grossbritannien	9,4
Niederlande	8,4
Österreich	7,6
Schweiz	6,0

5 Verhältnis zwischen Schattenwirtschaft und Bruttoinlandprodukt in Europa, 2017

System Erde
Wie beeinflusst der Mensch die Umwelt?

Nach dem Bearbeiten dieses Kapitels kannst du:
- deine Vorstellungen von Lebensräumen auf der Erde hinterfragen und ergänzen,
- Elemente, Zusammenhänge und Wechselwirkungen in verschiedenen Lebensräumen (Regenwald, Gebirge, Wüste, Meer, Stadt) aufzeigen,
- den Einfluss und die Nutzung von Lebensräumen durch die Menschen untersuchen und erklären,
- Entwicklungen und Veränderungen in Lebensräumen beschreiben,
- den Schutz von Lebensräumen begründen.

Menschen gestalten und verändern Lebensräume

1 Bewässerter Grünstreifen und Kreuzfahrtschiff am Nil, Ägypten

Lebensräume der Welt

Längst ist die Welt keine unberührte Naturlandschaft mehr. Fast jeder Ort dieser Erde ist von Menschen beeinflusst. Von diesen Einflüssen oder Nutzungen zeugen Siedlungen, die Gewinnung von Rohstoffen, Verkehrswege, die Produktion von Nahrungsmitteln, touristische Angebote oder die Schadstoffe in der Luft.

Meistens stehen sich dabei verschiedene Interessen gegenüber:
- Ökologie: der Erhalt, der Schutz und die Erholung der natürlichen Umwelt;
- Soziales: das Zusammenleben der Menschen, deren Gesundheit und Wohlbefinden;
- Wirtschaft: die Produktion, der Handel und der Verkauf von Waren und Dienstleistungen.

Jede Nutzung eines Lebensraums wirkt sich auf die Wirtschaft, das Zusammenleben der Menschen und die Umwelt aus. Menschen gestalten und verändern also Lebensräume, indem sie Teilbereiche davon nutzen und in Prozesse eingreifen.

Elemente und Prozesse

Betroffen von diesen Eingriffen sind alle grossen Lebensräume der Welt, also Regenwälder, Gebirge, Wüsten, Meere oder Städte. Ein Lebensraum gliedert sich in Elemente, wie z. B. Wasser, Eis, Boden, Gestein, Luft, Pflanzen, Tiere, Wohnen, Arbeiten, Versorgung, Freizeit, Bildung und Verkehr. Je nach Lebensraum sind andere Elemente wichtig.

Diese Elemente sind durch Prozesse und Wechselwirkungen miteinander verbunden. Beispielsweise begünstigt das Klima eine bestimmte Pflanzenwelt, die wiederum eine bestimmte Tourismusform ermöglicht. Oder: Wüsten und Regenwälder entstehen an einer bestimmten Lage durch grossräumige Winde. Die Lebensräume der Welt werden aufgrund der verschiedenen Elemente, Prozesse und Wechselwirkungen auch als Systeme oder Geoökosysteme bezeichnet.

> **Nachgedacht**
> Welchen Lebensraum kennst du aus deiner Wohnumgebung?

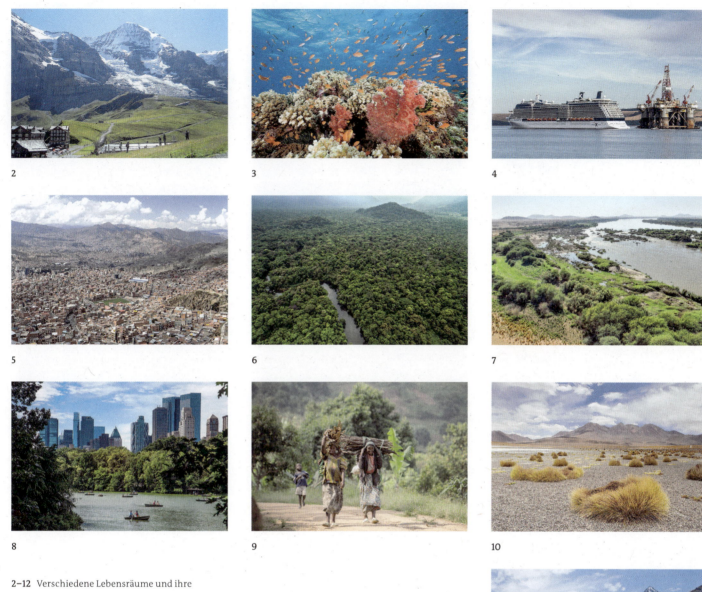

2–12 Verschiedene Lebensräume und ihre Nutzung durch den Menschen

Lebensräume der Zukunft

Fragen, die sich Menschen heute im Hinblick auf die Zukunft stellen, sind:
- Wie erhalten und gestalten wir Lebensräume?
- Wie gehen wir mit der Umwelt um?
- Wie stark darf der Einfluss der Menschen sein?

Je nach Einstellung und Haltung gegenüber der Umwelt, der eigenen sowie anderen Kulturen, je nach Entwicklungsstand, Lebensstandard oder Interesse unterscheiden sich die Vorstellungen und das Verhalten der Menschen.

Je gründlicher man über einen Lebensraum informiert ist, desto besser kann dessen Zukunft eingeschätzt und mitgestaltet werden.

System → Einheit von miteinander verbundenen Teilen, die eine bestimmte Funktion haben; Systeme auf der Erde werden auch als «Geoökosysteme» bezeichnet.

Lebensraum Regenwald

1 Yanomami-Kinder spielen am Ufer des Amazonas.

Verbreitung und Klima

Regenwälder sind auf etwa sechs Prozent der Landfläche der Erde verbreitet. Sie kommen beidseits des Äquators in der Tropenzone vor. Regenwälder sind durch hohe Temperaturen, intensive Niederschläge der Zenitalregen und das Tageszeitenklima geprägt. Morgens etwa um 6 Uhr geht die Sonne auf, abends um 18 Uhr geht sie unter. Die Dämmerung ist sehr kurz. Jahreszeitliche Unterschiede gibt es kaum. Die Zenitalregen führen kurz nach dem Mittag zu heftigen Niederschlägen mit Gewittern.

Boden, Vegetation und Tierwelt

Die Vielfalt an Pflanzen und Tieren ist im Regenwald sehr hoch. Der Regenwald weist unterschiedliche Stockwerke auf: Je nach Höhe der Pflanzen unterscheidet sich das Angebot von Licht und Wasser. Deshalb leben in jedem Stockwerk speziell angepasste Pflanzen und Tiere.

Die Böden im Regenwald sind nährstoffarm und nicht sehr fruchtbar. Herunterfallende Pflanzenteile verfaulen wegen der Hitze und Feuchtigkeit sehr rasch. Schon in der obersten Bodenschicht werden sie von Bakterien und Pilzen zersetzt und können von den Pflanzen wieder aufgenommen werden. Im tieferen Boden sammeln sich kaum Nährstoffe an.

Nach wie vor sind viele Pflanzen im Regenwald unbekannt, weil der Wald zu dicht für Untersuchungen ist. Von den bekannten Pflanzen werden viele genutzt, so etwa Vanille, Ananas, Mango, Kaffee, Kakao, Zimt, Chili sowie Heilkräuter, Kautschuk oder das Holz.

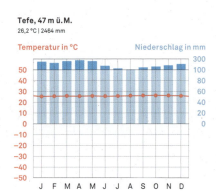

2 Klimadiagramm von Tefe, Brasilien

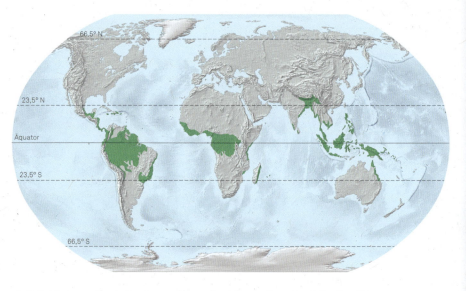

3 Verbreitung von tropischen Regenwäldern; Ausdehnung der potenziellen Vegetation (ohne Einfluss des Menschen, z. B. Waldrodung)

Der Amazonas-Regenwald

Der Amazonas-Regenwald ist fast 7 Millionen km² gross, das heisst, er umfasst etwa die Hälfte der Fläche aller Regenwälder der Welt. Er erstreckt sich über neun Länder Südamerikas, etwa 60 Prozent liegen in Brasilien. 10 Prozent aller Tier- und Pflanzenarten der Welt leben hier, das sind 2,5 Millionen Insekten, 40 000 verschiedene Pflanzen und 2000 Vögel und Säugetiere.

Im Amazonas-Regenwald wohnen etwa 350 verschiedene indigene Bevölkerungsgruppen, die oft sehr traditionell leben. Ein Beispiel sind die Yanomami. Die Naturvölker wissen viel über ihren Lebensraum. Sie haben oft wenig Kontakt zur Aussenwelt.

Bedrohung durch Nutzung

In den letzten Jahrzehnten wurden mehr als 20 Prozent der Regenwaldfläche gerodet. Das entspricht etwa der Fläche von zwei Fussballfeldern pro Minute. Gründe dafür sind:
- Wertvolles Holz, Gold oder Erdöl bringen Geld durch den Export. Beim Abbau wird Wasser verschmutzt, Völkerrechte werden missachtet.
- Strassen und Staudämme sind für die Entwicklung der Region wichtig. Oft werden hierfür Waldflächen illegal gerodet. Staudämme trennen Schutzgebiete oder Territorien der Völker.
- Auf den gerodeten Flächen weiden Rinder für die Fleischproduktion. Zudem werden Sojabohnen für Futtermittel oder Palmöl in Plantagen gepflanzt.

Weltweite Folgen

Regenwälder speichern sehr viel Wasser, das ist für das Weltklima bedeutsam. Das Wolkendach schützt vor einer noch stärkeren Erwärmung der Erde. Regenwälder speichern auch viel CO_2. Werden sie gerodet, entweicht das CO_2 in die Atmosphäre. Dies verstärkt den Klimawandel.

4 Gerodeter Regenwald bei Iguaçu, Brasilien

5 Eingriffe in den Regenwald und den Rio Negro bei Manaus, Brasilien

6 Leben am und mit dem Amazonas, Siedlung bei Belém, Pará, Brasilien

> **Nachgedacht**
> Warum wird der Regenwald auch «Schatzkammer der Erde» genannt?

> **Nachgedacht**
> Werden die Wälder in der Schweiz wegen der eifrigen Bautätigkeit ebenfalls gerodet?

7 Amazonas mit Siedlungen bei Iquitos, Peru

Zenitalregen → Zur Zeit des höchsten Stands der Sonne (nach dem Mittag) auftretender Regen in den Tropen
Tageszeitenklima → Klima, bei dem die Temperaturunterschiede zwischen Tag und Nacht grösser sind als im Jahresverlauf

Lebensraum Gebirge

1 Wasserquelle und Tourismusziel: der Gletscher Perito Moreno an der Südspitze der Anden, Argentinien

Kein Gebirge gleicht dem anderen

Gebirge sind Lebensräume, die durch eine grosse Höhe, steile Berge, Gestein, Eis und verschiedene Höhenstufen geprägt sind. Die je nach Höhenstufe verschiedenen klimatischen Bedingungen führen zu einer hohen Artenvielfalt.

Gebirge gibt es auf allen Kontinenten. Je nach Entstehung, Gestein, Grösse, Klima und Verwitterung sehen sie verschieden aus. Einige Gebirge wachsen immer noch, unter anderem die Alpen oder der Himalaya. Es sind mit etwa 80 Millionen Jahren junge Gebirge. Plattenbewegungen sind für die Gebirgsbildung verantwortlich. Die Gesteinsplatten bewegen sich und bewirken, dass sich Gesteinsschichten zu Gebirgen auftürmen. Erosion durch Wind und Wasser trägt sie ab. Gebirge haben einen grossen Einfluss auf das Wetter und das Klima. Verlaufen sie quer zu Windströmungen, behindern oder verändern sie diese, etwa in den Alpen. Verlaufen sie parallel dazu, begünstigen sie den ungehinderten Luftaustausch, etwa in den Appalachen.

Gebirge sind vom Menschen geprägt

Schon seit vielen Tausend Jahren leben Menschen in Gebirgen. Sie nutzen Rohstoffe (Holz, Marmor, Gestein) und betreiben Alp- und Viehwirtschaft. Allerdings wird die Berglandwirtschaft heute durch neue, rentablere Wirtschaftszweige ergänzt, allen voran den Tourismus.

Herausforderungen in Gebirgen

Der Tourismus in den Alpen, den Anden oder dem Himalaya boomt – immer weiter drängen Trekkinggruppen, Skifahrer oder Bergsteiger in die Gebirge. Die Eingriffe durch Verkehr, Gastronomie, Tourismus und Energiegewinnung verändern Gebirgslebensräume stark.

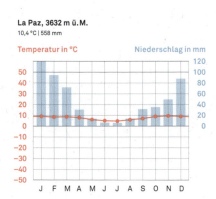

2 Klimadiagramm von La Paz, Bolivien

3 Gebirge der Erde

Durch den Klimawandel schmelzen die Gletscher in den Gebirgen ab. Dadurch steht weniger Trinkwasser zur Verfügung. Wenn die Dauerfrostböden auftauen, werden die Böden instabil und Felsstürze und Bergrutsche nehmen zu. Die Sicherheit von Gebäuden ist nur noch bedingt gegeben. Die Menschen, die in den Gebirgen leben, müssen sich an die Veränderungen anpassen.

Die Anden

Die Anden sind das längste Gebirge der Welt. Sie durchziehen mit einer Länge von rund 7500 Kilometer die Westküste Südamerikas von Nord nach Süd, die Vulkanberge sind über 6000 Meter hoch. Auch die extrem trockene Wüste Acatama liegt in den Anden.

Die Anden sind durch die Kollision von Gesteinsplatten entstanden. Die Region ist Teil des Pazifischen Feuerrings und durch Vulkanismus und Erdbeben geprägt. Etwa 50 Vulkane sind aktiv. 2010 starben beim letzten grossen Erdbeben in Chile über 500 Menschen.

Die Anden bestehen aus mehreren parallelen Längsketten. Dazwischen liegen riesige Hochflächen, darunter der Altiplano in Bolivien und Peru. Am östlichen Rand der Anden, auf 3100 m ü.M., liegt La Paz, die höchstgelegene Grossstadt der Welt. Im Norden liegt der Titicacasee (3810 m ü.M.), das höchste schiffbare Gewässer der Welt. Und im Süden liegt der Salar de Uyuni, der grösste Salzsee der Welt, aus dem Lithium für Elektrobatterien gewonnen wird.

Der Altiplano ist einer der ältesten Kulturräume der Welt. Siedlungen entstanden in den Hochflächen, weil dort bescheidene Landwirtschaft und die Haltung von Lamas und Alpakas möglich war. Abgebaut wurden auch Rohstoffe, etwa Silber, Salpeter und Kupfer. Heute spielt der Tourismus eine wichtige Rolle.

Herausforderungen der Zukunft

Der Klimawandel verursacht das Abschmelzen der Gletscher. Dadurch sind die Trinkwasserversorgung, die Energiegewinnung, die Landwirtschaft von Millionen von Menschen und das Zusammenspiel in den Lebensräumen bedroht. Zusätzlich verunreinigt der Abbau von Rohstoffen das Wasser.

4 San Pedro de Atacama, Chile, mit Touristen

5 Im Hochland von Peru

6 Siedlung am Vulkan Chimborazo in Ecuador

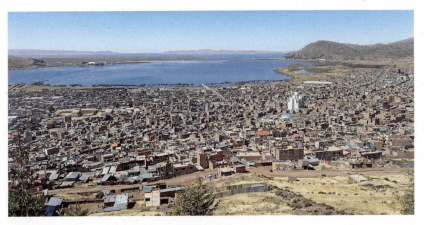

7 Die Stadt Puno, Peru, am Titicacasee

Nachgedacht
Gibt es nur auf der Erdoberfläche Gebirge?

Nachgedacht
Welche Nutzung findet in den Schweizer Alpen statt?

Höhenstufen → Landschaftszonen mit typischer Pflanzenwelt, die sich mit zunehmender Höhe (und Wasser, Klima, Relief, Boden, Gestein) verändern

Lebensraum Wüste

1 Fels-, Stein- und Sandwüste in der Sahara, Algerien

Wüsten

Wüsten sind Lebensräume mit wenig bis keinen Pflanzen. Sie bedecken etwa einen Fünftel der Landfläche der Erde und bestehen aus Fels, Kies oder Sand. Wüsten entstehen, weil:
- es sehr heiss ist und zu wenig Niederschlag fällt, z. B. wegen stabiler Hochdruckgebiete (Sahara) oder weil sie im Regenschatten von Gebirgen liegen (Thar). Auch kalte Meeresströmungen können die Wolkenbildung verhindern (Namib, Atacama);
- es zu kalt ist (z. B. Grönland, Antarktis);
- Böden überweidet werden und die Tiere alle Pflanzen abfressen.

Leben unter Extrembedingungen

Trotz extremer Bedingungen konnten sich Tiere und Pflanzen an das Leben in der Wüste anpassen. Zum Beispiel kommt das Kamel wochenlang ohne frisches Wasser aus, denn es schwitzt selten. Pflanzen minimieren den Wasserverlust durch Verdunstung mit kleinen, wachsüberzogenen Blättern.

Menschen in der Wüste

Seit Urzeiten siedeln Menschen in Wüsten. Voraussetzung ist immer der Zugang zu Wasser. Das ist in Oasen möglich, wo es Wasserquellen gibt. Oder das Grundwasser wird mit Brunnen genutzt. An diesen Orten wird Land- und Viehwirtschaft betrieben.

Das Wasser in den Wüsten wird aber immer knapper, weil:
- immer mehr Menschen auch in der Wüste in grossen Städten leben und entsprechend immer mehr Wasser benötigen;
- immer mehr Getreide, Obst und Gemüse auf den trockenen Böden angebaut wird und die Felder bewässert werden müssen;
- das Grundwasser übernutzt oder durch den Abbau von Rohstoffen verschmutzt wird;
- Wasser für die Energiegewinnung genutzt wird.

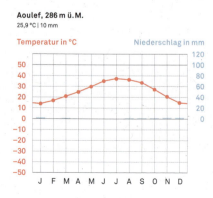

2 Klimadiagramm von Aoulef, Algerien

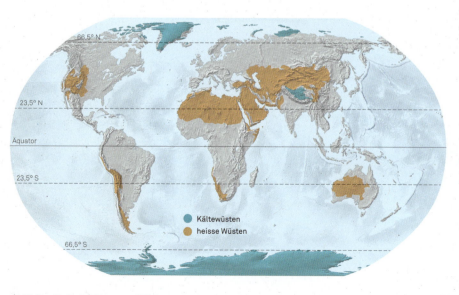

3 Weltweite Verbreitung von Wüsten

> **Nachgedacht**
> Kann in den Wüsten das Grundwasser auch knapper werden?

> **Nachgedacht**
> Ist Desertifikation auch in der Schweiz ein Thema der Zukunft?

4 Landwirtschaft in der Oase Tineghir im Todratal, Marokko

Durch diese Verschwendung von Wasser breitet sich die Wüste aus (= Desertifikation). Die Böden verlieren ihre Fruchtbarkeit, und die Lebensgrundlage ist gefährdet.

Die Sahara

Die Sahara liegt in Nordafrika und ist mit etwa 9 Millionen km² die grösste Trockenwüste der Erde. Sie umfasst etwa die Fläche der USA. In der Sahara schwanken die Temperaturen zwischen bis zu 60 °C an einem Sommertag und −10 °C in einer Winternacht. In den Hochgebirgen der Sahara fällt ab und zu ein wenig Regen oder ganz selten Schnee (2016), meistens ist es aber sehr trocken. Der einzige Fluss, der durch die Sahara fliesst, ist der Nil.

In der Sahara leben traditionell Berber, Araber, Mauren, Tuareg oder Tubu. Sie hielten und verkauften Vieh und organisierten den Handel durch die Sahara. Kriegerische Konflikte beeinflussen und verändern ihre Lebensweise stark. Etwa 60 Prozent der Völker leben in Oasen, ihre Siedlungen liegen am Nordrand der Sahara, 40 Prozent sind Nomaden.

Weil in Libyen und Algerien Erdöl und Erdgas abgebaut werden, sind dort neue Siedlungen entstanden. Die traditionellen Völker leben nicht mehr nur von Handel und Viehwirtschaft, sondern auch vom Tourismus.

5 Berber führen Touristen durch die Sahara. Der Tourismus wird durch radikale Gruppen und den Drogenhandel bedroht.

6 Bewässerungskreise von landwirtschaftlichen Feldern im Wadi Rum, Jordanien

Herausforderungen für die Zukunft

- Unangepasste Landwirtschaft (z. B. Rosen- oder Kartoffelanbau) benötigt zu viel Wasser.
- Der Klimawandel und die Viehhaltung verstärken die Desertifikation. Die Wüste breitet sich im Süden der Sahara (= Sahelzone) immer mehr aus. Viele Menschen dort sind sehr arm, ihre Lebensgrundlage ist bedroht.
- Krieg und Konflikte beeinträchtigen das Leben der Menschen und den Tourismus. Einnahmequellen fehlen, daher flüchten die Menschen an sichere Orte.

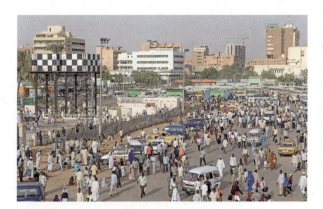

7 Busbahnhof in Khartum, Sudan

Desertifikation → Vom Menschen ausgelöste zunehmende Wüstenbildung einer ehemals fruchtbaren Landschaft

Lebensraum Weltmeer

1 Endlose Weite, grossartige Dynamik: das Meer

Das Weltmeer

Der Pazifische Ozean bildet mit dem Atlantischen Ozean und dem Indischen Ozean sowie weiteren Meeren das Weltmeer. Rund 71 Prozent der Erdoberfläche sind von Meer bedeckt. Der Meeresboden ist nicht flach, auch unter Wasser gibt es Berge und Täler. Die tiefste Stelle ist mit 11 000 Metern der Marianengraben im Pazifik.

Im Weltmeer sind 96,5 Prozent des globalen Wassers gespeichert. Es ist wegen des Salzgehalts von durchschnittlich 3,5 Prozent nicht als Trink- und Bewässerungswasser geeignet. Lebensbereiche im und am Meer sind Küsten, Wattenmeer, Mangroven, Schelf, Korallenriffe, das offene Meer und die Tiefsee. Die Meere sind durch Meeresströmungen verbunden.

Nutzung des Meeres

Das Meer ist Lebensraum für über 300 000 Lebewesen. Viele davon werden gefischt. Sie sind als Nahrung und Verdienstquelle Lebensgrundlage für Millionen von Menschen. Daher leben viele Menschen an Küsten.

Im Wasser oder auf dem Meeresboden gibt es wichtige Rohstoffe, darunter Salz, Erdöl, Erdgas, Sand, Kies, Kalk, aber auch Gold, Mangan, Kupfer oder Zink. Die Rohstoffe dürfen nur 200 Seemeilen vor der Küste abgebaut werden. Dahinter gehört das Meer niemandem bzw. allen.

Stark genutzt wird das Meer auch von der Schifffahrt. Tausende von Frachtschiffen transportieren Waren in die ganze Welt. Touristinnen und Touristen nutzen Schiffe für ihre Reisen.

> **Nachgedacht**
> Wie beeinflussen Länder wie die Schweiz, die nicht ans Meer grenzen, das Weltmeer?

> **Nachgedacht**
> Warum ist in vielen Ländern der Welt die Einfuhr von Korallen verboten?

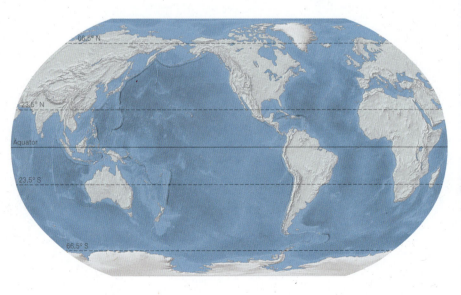

2 Das Weltmeer mit den Ozeanen

Herausforderungen für die Zukunft

Treibstoffe, Unfälle mit Schiffen oder auf Bohrinseln, der Rohstoffabbau und die dichte Küstenbesiedlung belasten das Weltmeer. Öle, Metalle, giftige Materialien, Abfälle und Abwasser gelangen ungefiltert ins Meer. Besonders problematisch ist Mikroplastik. Plastikmüll zerfällt durch die Sonne und das Salzwasser in winzige Teile. Meerestiere fressen sie und sterben.

Auch die Überfischung bedroht das Meer. Weil der Fischkonsum der Menschen stets weiter zunimmt, können sich die Fischbestände nicht mehr erholen.

Das Great Barrier Reef

Das Great Barrier Reef ist mit etwa 2300 Kilometern Länge das grösste Korallenriff der Welt. Es liegt vor der Nordostküste Australiens. Korallenriffe werden durch abgestorbene Skelette von Steinkorallen mithilfe des Sonnenlichts gebildet. Die Meerestemperatur darf nicht unter 20 °C fallen. Zudem wird klares, sonnendurchflutetes Wasser benötigt.

Im Great Barrier Reef leben über 350 Arten von Steinkorallen, aber auch Fische, Weichkorallen, Seesterne, Algen und Schwämme. Zudem ist es die Heimat von Meeresschildkröten, Seekühen und Buckelwalen.

Korallenriffe sind sehr empfindliche Lebensräume. Jede Veränderung in ihnen kann Schäden verursachen.

Bedrohung des Great Barrier Reef

Forscherinnen und Forscher schätzen, dass über 90 Prozent des Great Barrier Reef bedroht sind. Gründe dafür sind:
- Der Klimawandel erhöht die Meerestemperaturen, dadurch versauert das Wasser. Die Fähigkeit der Korallen, Skelette zu bilden, nimmt ab.
- Algen sind Nährstoffe für Korallen. Wird das Meer wärmer, produzieren sie Gift. Die Korallen stossen die Algen ab, verkalken und werden weiss (= Korallenbleiche).
- Pro Jahr werden über zwei Millionen Touristen mit Schiffen oder Flugzeugen zum Great Barrier Reef gebracht. Die Treibstoffe verschmutzen das Meerwasser.
- Taucherinnen und Taucher beschädigen das Riff, wenn sie Korallen anfassen oder abbrechen.

Wenn die Wasserqualität besser wird, kann sich das Riff erholen. Australien investiert deshalb viel Geld für seinen Schutz. Bis 2017 ging die Korallenbleiche aber weiter.

Schelf → Oberster Bereich des Meeres, zwischen Küste und Tiefsee, bis etwa 200 m Wassertiefe

3 Das Meer wird als Transportweg und zur Rohstoffgewinnung genutzt.

4 Luftbild des Great Barrier Reef, Australien

5 Die grosse und einzigartige Artenvielfalt am Great Barrier Reef wird durch den Tourismus empfindlich gestört.

6 Die Fischerei – ein wichtiger Wirtschaftszweig – wird durch Übernutzung bedroht.

Lebensraum Stadt

1 Viele Menschen, dichte Bebauung und viel Verkehr: typische Merkmale von Städten (Little India, Singapur)

Städte boomen

Immer mehr Menschen wollen weltweit immer häufiger in Städten leben. Es locken attraktive Arbeitsplätze, vielfältige Freizeit-, Kultur- und Bildungsangebote, Naherholungsgebiete und meist ein gut ausgebautes öffentliches Verkehrsnetz. Städte bieten oft eine hohe Lebensqualität und sie sind Wirtschaftsstandorte von Firmen.
Nach Prognosen der Vereinten Nationen werden 2050 fast 70 Prozent der Weltbevölkerung in Städten und im Stadtumland leben. Während das Stadtwachstum in westlichen Ländern nur langsam voranschreitet, wachsen die Städte in Lateinamerika, Asien und Afrika rasant an.

Herausforderungen der Städte

Das schnelle Wachstum bringt grosse Herausforderungen mit sich. Die dichte Bebauung, die zunehmende Bodenversiegelung, immer mehr Verkehr und der erhöhte Energie- und Wasserbedarf beeinträchtigen und mindern die Lebensqualität in Städten. Der Lebensraum für Pflanzen und Tiere geht verloren, Erholungsgebiete fehlen. Zudem steigen die Mietpreise und Lebenskosten an, nur wenige Menschen können in den Stadtzentren leben. Die Zahl der Slumbewohner wächst, die Infrastruktur gelangt an ihre Kapazitätsgrenzen. Städte müssen in Zukunft lebensfreundlicher werden. Dies kann insbesondere durch folgende Massnahmen erreicht werden:

- Elektrofahrzeuge, öffentliche Verkehrsmittel und Fahrräder vermehrt nutzen;
- versiegelte Flächen renaturieren;
- bezahlbaren Wohnraum bereitstellen.

Besonders wichtig ist, die Grünflächen in Städten zu erhöhen, etwa durch begrünte Strassen, Dächer und Fassaden, Parkanlagen, Baumreihen oder Gartenanlagen. Grünflächen speichern Wasser, reinigen die Luft, bringen Kühlung und Schatten, schützen vor Lärm, sind Lebensraum für Tiere, sehen schön aus und bieten Erholungsmöglichkeiten.

> **Nachgedacht**
> Ist es auch in der Schweiz nötig, Städte durch mehr Grünflächen aufzuwerten?

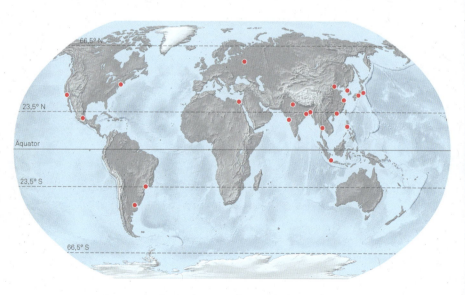

2 Die 20 grössten Städte der Welt mit dem Stadtumland

3 Vertikale Gärten auf den Etagen des Hotels «Parkroyal», Singapur

> **Nachgedacht**
> Welchen Einfluss hat der Klimawandel auf das Klima der Stadt?

4 Begrünte Einkaufsstrasse Orchard Road, Singapur

Beispiel Singapur

Singapur ist ein Stadtstaat in Asien und liegt an der Südspitze der Malaiischen Halbinsel. In Singapur leben auf einer Fläche von 719 km² (vergleichbar mit Hamburg) knapp sechs Millionen Menschen (etwas weniger als in der Schweiz).

Singapur gehört – wie die Schweiz – zu den reichsten, aber auch teuersten Ländern der Welt. Das Vermögen wird mit Erdölverarbeitung, Maschinenbau, Schiffbau, Handel (Hafen), Biotechnologie, Finanzwirtschaft und Tourismus erwirtschaftet. Die knappe Landfläche wird regelmässig durch Landgewinnungsmassnahmen vergrössert.

Begrünung: «City in a Garden»

Singapur ist die grünste Stadt Asiens. Seit 2005 wird jeder bebaute Quadratmeter als Grünfläche an der Fassade oder auf dem Dach kompensiert. Parks beleben enge Wohnsiedlungen.

Gebaut wird in Nord-Süd-Richtung, weil die Sonne dann kaum auf die Fassaden scheint. Die Dächer sind gross und spenden Schatten. Fenster lassen sich gegen unten öffnen, so kann frische Luft einströmen, der Monsunregen aber nicht.

Der Kauf eines Autos erfordert ein Umweltzertifikat, das etwa so teuer ist wie das Auto selbst.

5 Gardens by the Bay: Parkanlage in Singapur auf künstlich aufgeschüttetem Land

Auf vielen Dächern gibt es Gemüsegärten, Freibäder mit Palmen oder kleine Wälder. Regenwasser wird für Toiletten oder die Bewässerung verwendet. Besonderes beeindrucken die vertikalen Gärten, das sind bepflanzte Fassaden von Einkaufszentren, Wohnungen oder Büros. Sie verbessern die Luftqualität und senken die Temperaturen auf den Balkonen und im Hausinnern. Nicht umsonst trägt Singapur den Namen «City in a Garden». Die Stadt ist ein Vorbild auch für Entwicklungen in Europa.

6 Der Wohnkomplex «Pinnacle@Duxton» besteht aus sieben Gebäuden und 1848 verschieden grossen Wohnungen. Die Häuser sind durch begrünte Fusswege verbunden und stehen in einem Park.

Methode: Wirkungsgefüge erstellen

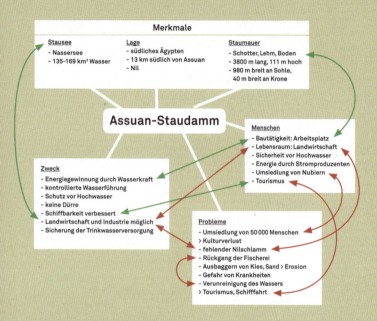

1 Teil eines Wirkungsgefüges zum Assuan-Staudamm

Lebensräume, die du in diesem Kapitel kennen und untersuchen lernst, sind komplexe Landschaftsausschnitte, in denen viele verschiedene Teilbereiche und Wechselwirkungen miteinander in Verbindung stehen.

Mit einem Wirkungsgefüge kann die Komplexität von Systemen vereinfacht dargestellt werden. Das geht so:

Schritt 1: Stichwörter sammeln

– Sammle und analysiere Informationen zu deinem Thema aus dem Themenbuch, dem Internet, Fachbüchern, Filmen, Zeitungen oder Audiodateien.
– Notiere während der Analyse Stichwörter zum Thema, z. B. auf verschiedenen Post-it-Zetteln.
– Notiere auch, welche Menschen oder Menschengruppen bei dem Thema eine Rolle spielen.

Schritt 2: Stichwörter ordnen

– Gruppiere die Stichwörter bzw. Post-it-Zettel, die zusammengehören.
– Gib den Gruppen einen Obertitel.
– Sortiere Wörter oder Zettel aus, die dir jetzt unwichtig erscheinen.
– Klebe die wichtigen Zettel nach Gruppen sortiert auf (z. B. Poster) und beschrifte sie mit dem Obertitel.

Schritt 3: Verbindungen aufzeigen

– Verbinde Elemente, die zusammengehören.
– Beschrifte alle Prozesse und Wechselwirkungen.
– Kennzeichne positive Prozesse und Wechselwirkungen mit Grün, negative mit Rot.

Schritt 4: Wirkungsgefüge analysieren

– Beschreibe die wichtigsten Prozesse und Wechselwirkungen.
– Beantworte die Leitfrage zum Wirkungsgefüge (z. B. «Ist der Nil die Lebensader Ägyptens?»).
– Präsentiere das Wirkungsgefüge.

Denk weiter: Der Nil in Ägypten

Der Nil gehört mit etwa 6670 km zu den längsten Flüssen der Welt. Er entspringt in den Gebirgen von Ruanda und Burundi. Er fliesst durch Tansania, den Victoriasee, Uganda und den Südsudan. Im Sudan verbinden sich der Weisse Nil und der Blaue Nil. Dann geht es durch Ägypten, wo er in einem gewaltigen Delta ins Mittelmeer mündet. Auf rund 1500 km durch die Sahara fliesst der Nil ohne Zufluss. Der Nil ermöglicht durch die Verfügbarkeit von Wasser Leben und Landwirtschaft, er wird zur Energiegewinnung, zum Transport und als Tourismusziel genutzt.

Leben am Nil

Entlang des Nils liegen fast 40 grosse Städte, darunter Kigali, Khartum, Assuan, Gizeh und die Millionenstadt Kairo. Die berühmten Pyramiden von Gizeh sowie die Touristenorte Luxor und Hurghada liegen in seiner Nähe.

Landwirtschaftliche Nutzung

Im Nil leben etwa 120 Fischarten. Auf dem fruchtbaren Landstreifen am Nilufer und in den Oasen entlang des Nils werden Baumwolle, Zuckerrohr, Mais, Reis, Weizen, Hirse, Kartoffeln, Obst (Trauben, Mango, Datteln, Feigen, Melonen) angepflanzt. Gezüchtet werden zudem Rinder, Büffel, Ziegen, Esel, Hühner und Schafe. Einige Produkte sind für den Export wichtig. Der Nil spielt zudem als Transportweg eine bedeutende Rolle.

Energiegewinnung

Das Stauen des Nilwassers, etwa in Assuan, ermöglicht die Erzeugung von Energie und reduziert die Hochwassergefahr. Ergänzt wird die Energiegewinnung heute mit Solaranlagen.
Seit 1870 gibt es in Ägypten Pauschalreisen. Bis heute gehören Fahrten auf dem Nil zu den spektakulärsten Reisen der Welt. Besucht werden die alten ägyptischen Kulturstätten wie Gizeh, Kairo und Alexandria. Ebenso beliebt sind die Badeorte Luxor, Hurghada oder Scharm El-Scheich.

Probleme

- Das Nilwasser ist wegen der Verdunstung, der Landwirtschaft und der wachsenden Bevölkerung besonders in Ägypten knapp. Nicht alle Länder entlang des Nils haben genügend Wasser.
- Durch das Stauen und Kanalisieren des Nils kann der Schlamm nicht mehr abfliessen. Er verstopft zum Beispiel Turbinen. Der Nil muss wegen der Schifffahrt ausgebaggert werden. Dann fehlt der Schlamm als Dünger auf den Feldern. Bauern müssen mit künstlichem Dünger nachhelfen.
- Aufgrund des Klimawandels werden die Probleme rund um den Wassermangel verschärft.

> **Nachgedacht**
> In Zeitungen ist zu lesen: «Ohne Nil kein Ägypten.» Was heisst das?

1 Nubisches Dorf mit bewässerten Feldern am Nil

2 Assuan-Staudamm

> **Nachgedacht**
> Haben die Flüsse in der Schweiz eine vergleichbar grosse Bedeutung wie der Nil?

Südpazifischer Raum

Bedrohtes Paradies?

Nach dem Bearbeiten dieses Kapitels kannst du:

- regionale Beispiele geografisch charakterisieren,
- Naturlandschaften im südpazifischen Raum beschreiben,
- erklären, warum der südpazifische Raum auch als Paradies bezeichnet wird,
- über traditionelle Lebensweisen von Völkern erzählen,
- Auswirkungen von Naturereignissen auf Lebenssituationen von Menschen einschätzen,
- wirtschaftliche Tätigkeiten analysieren,
- wirtschaftliche und ökologische Veränderungen nennen und deren Risiko für Mensch und Umwelt einschätzen,
- Schutzmassnahmen von natürlichen Systemen bewerten und über nachhaltige Nutzungen nachdenken.

Der südpazifische Raum – Vielfalt über und unter Wasser

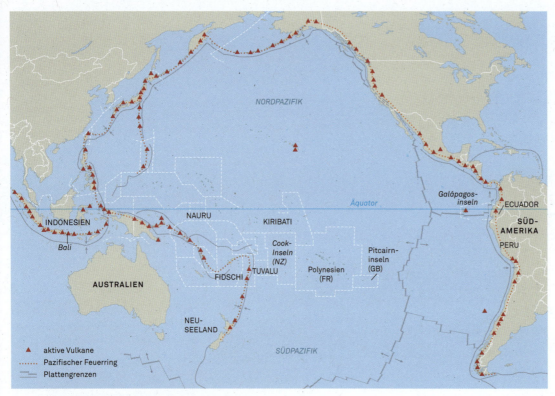

1 Südpazifik: pazifischer Raum südlich des Äquators

2 Küste der Insel Tuvalu

3 Vulkanlandschaft der Galápagosinseln

Der Pazifik ist der grösste und tiefste Ozean der Welt. Seine Fläche umfasst etwa 181 Millionen Quadratkilometer, das sind etwa 35 Prozent der ganzen Erdoberfläche und etwas mehr als die Fläche aller Kontinente zusammen. Sein Volumen umfasst die Hälfte des weltweit vorhandenen Wassers. Im Durchschnitt ist er vier Kilometer tief, die tiefste Stelle ist der Marianengraben mit rund elf Kilometern.
Der Pazifik wird aufgeteilt in einen nördlichen und südlichen Teil. Der Südpazifik wird im Norden durch den Äquator und im Süden durch das Südpolarmeer begrenzt.

Südpazifischer Raum

Zum bewohnten südpazifischen Raum gehören einerseits die Küsten der Kontinente Südamerika und Australien. Sie sind dicht besiedelt und geprägt von Industrieanlagen, Häfen und grossen Städten. Naturräumlich kommen – je nach Region – Felsen, Gebirge, Wüste oder Wälder vor.

Andererseits gehören zum südpazifischen Raum auch etwa 25 000 Inseln unterschiedlicher Grösse, etwa Neuseeland, Indonesien, die Cookinseln oder Tuvalu. Viele kleine Inseln bezaubern durch Korallenriffe mit türkisfarbigem Meer, Sandstränden und Palmen. Der südpazifische Raum wird oft auch als «Paradies» oder «Südseetraum» bezeichnet.

Der Pazifische Feuerring

Der pazifische Raum ist stark von Vulkanismus und Erdbeben geprägt. Die grosse pazifische Erdkrustenplatte taucht an ihren Rändern unter mehrere andere Platten ab. Weil die Vulkane und Erdbeben am ringförmigen Plattenrand auftreten, nennt man den Vulkangürtel auch «Pazifischen Feuerring».

Im südpazifischen Raum kommt es häufig zu Erdbeben. Wenn sie im Meer stattfinden, kann dies zu verheerenden Tsunamis führen. An den Plattenrändern wird Gestein aufgeschmolzen. Das aufsteigende Magma führt zu explosivem Vulkanismus. Viele Inseln und Inselbögen sind durch Vulkanismus entstanden.

Lebensweisen

Die Menschen der Inseln und Küstenstaaten leben stark von und mit dem Meer. Fischerei und Häfen sind wichtige Wirtschaftszweige. Auch der Tourismus ist im südpazifischen Raum bedeutsam.

Die Lebensweise an den Küsten und auf den Inseln unterscheidet sich aber zum Teil stark. An den Küsten und auf den grossen Inseln leben die Menschen ähnlich wie bei uns. Auf den kleinen Inseln ist das Leben dagegen oft sehr einfach. Die Versorgung ist nur mit Wasserflugzeugen, Frachtschiffen oder Fähren möglich. Meistens wird Landwirtschaft für die Selbstversorgung betrieben. Traditionen und Rituale prägen den Alltag oft stark.

Nutzung oder Gefährdung?

Der südpazifische Raum wird intensiv genutzt. Schifffahrt, Handel, Transport, Tourismus, Fischerei, Rohstoffgewinnung usw. sind für die Menschen wichtig – weltweit, besonders aber für die Menschen, die hier leben. Die Nutzungsformen beeinflussen das Meer, die Küsten und die Inselwelt. Gründe für diese Beeinträchtigungen sind:
- moderne Lebensweisen,
- die Einflüsse und Bedürfnisse von Touristinnen und Touristen,
- die steigende Nachfrage nach Rohstoffen, Transportwegen, Handelsbeziehungen und Nahrungsmitteln,
- Überfischung,
- der Anstieg des Meeresspiegels durch die globale Erwärmung,
- die Verschmutzung durch Abfälle und Treibstoffe,
- zunehmende Naturrisiken wie Wirbelstürme, Tsunamis oder Vulkanausbrüche.

Nachgedacht
Was macht die Vielfalt des südpazifischen Raums aus? Gibt es auch eine Vielfalt unter Wasser?

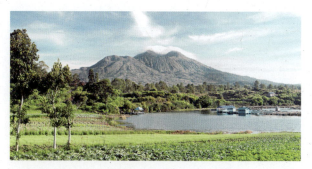

4 Der Vulkan Gunung Agung mit Reisterrassen auf Bali

5 Neuseeland, Heimat der Maori

6 Fischerei an einer Küste in Peru

7 Melbourne, Australien

8 Henderson Island (Pitcairninseln)

Die ersten Klimaflüchtlinge von Tuvalu?

1 Weisse Strände, smaragdgrünes Wasser, Palmen und Mangrovenwälder bilden die typische Landschaft von Tuvalu.

2 Auf der Hauptinsel Funafuti konzentrieren sich Strand, Häuser, Strassen, eine Flugpiste und Ackerflächen auf einem 200 bis 400 m breiten Landstreifen.

3 Ano, eine Art traditionelles Volleyball, auf Funafuti

Rund 3500 Kilometer von der Küste Australiens entfernt, liegt mitten im Südpazifik der polynesische Inselstaat Tuvalu. Er besteht aus sechs Atollen und drei Inseln und ist nur 26 Quadratkilometer gross. Die breiteste Stelle auf der Hauptinsel Funafuti beträgt 400 Meter, die höchste Erhebung liegt 5 m ü. M. Die paradiesische Landschaft ist von tropischem Klima geprägt, mit einer Regenzeit von November bis April. Von aussen betrachtet wirkt die Inselgruppe wie ein Paradies im Meer.

Leben und Arbeiten

Viele Menschen auf Tuvalu sind Selbstversorger: Sie bauen eigenes Gemüse im Garten an und halten Tiere für den Fleischkonsum. Arbeitsmöglichkeiten gibt es im Tourismus, im Fischfang oder in öffentlichen Ämtern. Exportiert werden Kokosnüsse, importiert werden Nahrungsmittel, Treibstoffe und Maschinen. Die Wirtschaft ist wenig ausgeprägt, so besuchen nur etwa 1000 Touristen jährlich die Insel.

Herausforderungen

Palmen, Meer und Strand verheissen Idylle und Frieden. Doch das Bild trügt, denn Tuvalu ist mit zahlreichen Herausforderungen konfrontiert:

- Weil der Meeresspiegel ansteigt, bleibt den Menschen immer weniger Land für ihre Selbstversorgung.
- Der Import von Nahrungsmitteln wird deshalb immer wichtiger.
- Auf der Suche nach Arbeit ziehen die Bewohner ins Zentrum von Funafuti.
- Im Hauptort wird der Platz zum Leben knapp.
- Das Angebot an Arbeitsplätzen ist beschränkt, Stellen in öffentlichen Ämtern, dem Tourismus oder dem Hafen gibt es nur begrenzt.
- Die Inselgruppe verfügt über keine bedeutsamen Rohstoffe.
- Wegen der abgelegenen Lage gibt es kaum Absatzmärkte oder Handelsrouten.
- Die Schulbildung ist mangelhaft. Auch wenn die Schule für Kinder und Jugendliche zwischen 6 und 16 Jahren kostenlos und obligatorisch ist, gibt es nicht auf jeder Insel Lehrpersonen oder Schulen. Viele Schulen sind deshalb völlig überfüllt.
- Einige Krankheiten (Denguefieber, Malaria) können aufgrund der mangelhaften Gesundheitsvorsorge nicht richtig behandelt werden.

Naturgefahren und Klimawandel

Zunehmend ist Tuvalu von verschiedenen Naturereignissen betroffen:
- der Verknappung des Trinkwassers aufgrund unregelmässiger Niederschläge und Trockenzeiten,
- der Zerstörung von Häusern und Infrastruktur durch tropische Wirbelstürme,
- der Austrocknung des Ackerlands und der Versalzung der Böden durch Salzwasser,
- der Abtragung des Landes durch Sturmfluten und Überschwemmungen.

Das grösste Problem ist der Klimawandel. Aufgrund der Erwärmung der Atmosphäre schmilzt an den Polen das Festlandeis. Dadurch wird der Meeresspiegel bis 2090 etwa 20 bis 60 Zentimeter ansteigen. Je nach Entwicklung wird der Inselstaat Tuvalu – der Lebensraum für etwa 11 000 Menschen – bald überflutet werden.

Droht die Auswanderung?

Bereits heute lebt etwa ein Fünftel der Bevölkerung von Tuvalu im Ausland (unter anderem auf Kiribati, Nauru oder den Fidschiinseln), dies vor allem wegen der dort besseren Arbeits- und Bildungschancen. Klimaflüchtlinge gibt es noch kaum. Die Veränderungen finden langsam statt und werden oft nicht als direkte Bedrohung empfunden. Solange es die Insel noch gibt, besteht Hoffnung und wenig Notwendigkeit für sofortiges Handeln. Auswandern ist auch nicht für alle möglich: Es ist teuer, die Einreisebestimmungen in andere Länder sind streng, die gesundheitlichen Anforderungen hoch. Kaum jemand verlässt freiwillig die Heimat. Derzeit werden die Küsten mit technischen Massnahmen, beispielsweise Dämmen, gesichert. Vielleicht ist das auch eine Lösung.

4 Frauen beim Frühstück in ihrem Haus auf Funafuti

5 Schutzdämme sollen Erosion und Überschwemmung durch das Meer verhindern.

6 Der steigende Meeresspiegel führt zu Überschwemmungen.

> **Nachgedacht**
> Was haben die Bewohner von Thule in Nordgrönland mit den Inselbewohnern von Tuvalu im Südpazifik gemeinsam?

> **Nachgedacht**
> Weshalb bezahlt das Schweizer Fernsehen Geld an die Regierung von Tuvalu?

Atoll → Ringförmiges Korallenriff (= Insel), das eine Lagune (= Wasser) umschliesst

Klimaflüchtlinge → Menschen, die aufgrund von klimabedingten Naturereignissen ihre Heimat verlassen müssen; die Anerkennung als Flüchtlinge ist noch offen, dies erschwert die Aufnahme in anderen Ländern.

Die Galápagosinseln – das letzte Naturparadies?

1 Blick über die Galápagosinseln

2 Landschaftsvielfalt auf den Galápagosinseln

3 Puerto Ayora auf Santa Cruz, der am stärksten besiedelten Insel

Besondere Ankunft

Bereits auf dem Landeanflug auf die Galápagosinseln sind das türkisfarbige Meer, die trockene Buschlandschaft mit Kakteen und die Vulkanhügel zu sehen. Wer mit dem Schiff anreist, wird von Blaufusstölpeln begrüsst, die wie Pfeile ins Meer tauchen, oder von Seelöwen, die Abfälle von den Fischern aufschnappen. Etwas sonderbar mutet vor dem Ausstieg an, dass die Passagiere mit Insektensprays eingesprüht und die Schuhe auf Sauberkeit geprüft werden – dies nicht etwa zum Schutz der Menschen, sondern zum Schutz der Natur auf den Galápagosinseln.

Bezaubernde Inselwelt

Die Galápagosinseln liegen auf dem Äquator im östlichen Südpazifik, etwa 1000 Kilometer von der Küste Ecuadors entfernt. Die Inselgruppe besteht aus 19 Inseln, die grösser als zehn Quadratkilometer sind, und etwa hundert kleineren Inseln oder Felsblöcken. Ihre Gesamtfläche beträgt 8000 Quadratkilometer, das entspricht etwa einem Fünftel der Fläche der Schweiz. Nur vier Inseln sind bewohnt: Isabela (2200 Einwohner), Santa Cruz (15 000 Ew.), San Cristobal (5500 Ew.) und Floreana (100 Ew.).

Die Inselgruppe besteht aus Vulkanen. Unterschieden werden aufgrund der Höhe verschiedene Ökosysteme, darunter Mangroven, Buschland, Regenwald (mit einzigartigen Scalesiabäumen) und eine Graszone.

Einzigartige Fauna und Flora

Weil die Inselgruppe so weit weg vom Festland isoliert liegt, konnte sich eine einzigartige Tier- und Pflanzenwelt ausbilden. Auf der Inselgruppe und im angrenzenden Meer leben etwa 500 Arten, die meisten kommen nur auf den Galápagosinseln vor.

1978 wurden die Galápagosinseln als erste Region auf die Liste des Weltnaturerbes der Unesco gesetzt. Die Landflächen und die angrenzenden Meere werden vom Galápagos-Nationalpark kontrolliert und überwacht.

Faszinierendes Reiseziel

Auf den Galápagosinseln hat der Tourismus eine wichtige Bedeutung. 1975 brachte der Tourismus Einnahmen für die Forschung im Umweltschutz. Kreuzfahrtschiffe setzten Reisende für kurze Aufenthalte auf den Inseln ab, die Umweltbelastungen waren gering. Schnell stellte die Bevölkerung fest, dass mit dem Tourismus mehr Geld als mit der Fischerei verdient werden konnte.

Daher wurde die Infrastruktur auf der Insel für Touristen ausgebaut, sodass heute Hotels, Boutiquen, Einkaufsläden und Häuser für Angestellte zur Verfügung stehen sowie Freizeitangebote angeboten werden (etwa Bootstouren, Kreuzfahrten, Badeurlaub, Partys, Tauchen, Sportfischen). Die Zunahme des (günstigen) Flugverkehrs trug zur weiteren Entwicklung bei. 2017 besuchten etwa 220 000 Touristen die Inseln, erwirtschaftet wurden rund 400 Millionen USD Umsatz. Die Verbauung der Natur durch Gebäude und Wanderwege, die Bereitstellung von Ressourcen (Verpflegung, Wasser, Strom usw.), die Entsorgung des Abfalls sowie die Zuwanderung von Arbeitskräften stellen eine grosse Belastung für die rund 30 000 Einwohnerinnen und Einwohner dar.

Eingeschleppte Arten

Eine grosse Bedrohung sind eingeschleppte Tiere und Pflanzen: Mit jedem Flugzeug, Frachter oder Kreuzfahrtschiff gelangen Insekten, kleine Tiere, Samen, Parasiten oder Krankheiten auf die Galápagosinseln. Zwei Beispiele:
- Ratten fressen die Eier von Vögeln und Schildkröten, der Nachwuchs bleibt aus.
- Die Brombeere breitet sich unkontrolliert aus, Jungbäume von einheimischen Arten können nicht wachsen.

Die eingeschleppten Arten verändern und bedrohen das Ökosystem und diesen einzigartigen Lebensraum.

> **Nachgedacht**
> Warum rennen wilde Tiere bei uns weg, wenn Menschen in ihre Nähe kommen, auf den Galápagosinseln aber nicht?

4 Galápagos-Echsen (Meerechsen) sind zwischen 60 cm und 1,30 m lang. Sie suchen ihr Futter im Meer. Die schwarze Hautfarbe hilft, dass sie sich nach den Tauchgängen schnell wieder aufwärmen können.

5 Charles-Darwin-Forschungsstation: Aufzucht von Riesenschildkröten

6 Reisende auf einer Tour landen am Ufer. Die Seelöwen flüchten nicht vor den Menschen, weil sie keinen Fluchtinstinkt entwickelt haben.

7 Der Scalesiawald wird von Brombeerstauden überwuchert.

Bali – Insel der Götter?

1 Reisterrassen vor dem Vulkan Gunung Agung

2 Klassisches *Ramayana*-Ballett mit Hanuman, dem weissen Affen

3 Klimadiagramm Denpasar

Hanuman, der Affengott

Die auf Bali frei lebenden Affen werden von der mehrheitlich hinduistischen Bevölkerung als Nachkommen des Affengottes Hanuman angesehen. Sie gelten auf Bali als heilige Tiere und dürfen nicht gejagt und auch nicht verjagt werden.

Hanuman ist der Sohn des Windgottes Vayu und der Diener des Prinzen Rama und der schönen Sita. Gemäss dem *Ramayana*-Epos half der mächtige Affe, Ramas entführte Frau Sita zu befreien. Auf dem Weg zu Sita musste Rama den Wasser- und Regengott Varuna bitten, den Ozean passieren zu dürfen. Diesen und anderen Göttern bringen die Einwohnerinnen und Einwohner Balis täglich Opfergaben.

Sita, die Göttin der Landwirtschaft

Das tropische Klima Balis mit seinen hohen Temperaturen und reichlichen Niederschlägen ist ideal für die Erzeugung landwirtschaftlicher Produkte. Fast 60 Prozent der über 4 Millionen Einwohner sind daher in der Landwirtschaft tätig. Etwas weniger als 20 Prozent handeln mit handwerklichen Erzeugnissen, sind in der Textilindustrie oder in der Bauwirtschaft tätig. Etwas mehr als 20 Prozent arbeiten für den Tourismus. Reis ist das wichtigste Anbauprodukt und das Hauptnahrungsmittel der Bevölkerung. Für den Eigenbedarf werden neben Reis vor allem Erdnüsse, Chili, Zwiebeln, Sojabohnen und andere Gemüsesorten sowie tropische Früchte angepflanzt. Exportiert werden Kokosnüsse, Schweinefleisch und Arabica-Kaffee.

Varuna, der Wasser- und Regengott

Im teilweise sehr hügeligen Gelände ist der Reisanbau schwierig. Daher wurde das Gelände terrassiert und das Wasser mit kleinen Dämmen gestaut. Von höher gelegenen Terrassen fliesst das Wasser in tiefer gelegene Ebenen. Es kann deshalb mehrmals für den Reisanbau verwendet werden. Um Wasserstreitigkeiten zu vermeiden, wurden im Jahr 1022 erste Subaks gegründet. «Subak» bedeutet auf Balinesisch «Bewässerungsgenossenschaft». Es sind Organisationen, die den rechtlichen und praktischen Rahmen zum Anbau von Reis organisieren. Zu einem Subak gehören Landbesitzer, mehrere (häufig terrassierte) Reisfelder und die dazu notwendigen Bewässerungssysteme. Mithilfe dieser Bewässerungssysteme fliesst Wasser von Landbesitzer zu Landbesitzer und wird für mehrere Reisterrassen verwendet. 2012 wurden fünf Subaks in die Liste des Unesco-Weltkulturerbes aufgenommen.

Gunung Agung, der Sitz der Götter

Der Vulkan Gunung Agung («grosser Berg») ist mit 3031 Metern der höchste Berg Balis und für Einheimische der Sitz der Götter. Die Balinesen und Balinesinnen versuchen, die Götter mit Opfergaben zu besänftigen. Dennoch bricht der Vulkan immer wieder aus – das letzte Mal 2017. Beim Ausbruch im Jahr 1963 starben mehr als 1000 Menschen. Um 2017 ein ähnliches Unglück zu verhindern, wurden vor dem Ausbruch Sperrzonen rund um den Vulkan errichtet. Nach deren Aufhebung kehrten viele Anwohnerinnen und Anwohner zurück.

Vulkanische Böden sind sehr fruchtbar. Die ausgeworfene Asche enthält wichtige Nährstoffe. Sie wirkt wie ein Dünger und steigert die Ernteerträge. Auf Bali kann Reis im gleichen Feld bis zu dreimal pro Jahr geerntet werden.

Traditionelle Vorstellungen

Für die Bevölkerung Balis sind neben dem vorherrschenden Hinduismus Götter in allen Erscheinungen gegenwärtig. Alles in der Natur hat eine eigene Macht, welche die Macht der Götter widerspiegelt: Felsen, Affen, Nahrungsmittel und Gegenstände können von Geistern bewohnt sein. Diese Macht lässt sich zum Guten oder zum Bösen verwenden. Rituale und Feste begleiten die Menschen von der Geburt bis zum Tod und darüber hinaus. Feiertage, Volksvergnügen und Versammlungen werden immer von einer Tempelzeremonie eingeleitet, bei der den Göttern Opfer dargebracht werden. Die Opfergaben bestehen aus Materialien aus der Natur, die zu Kunstwerken gestaltet und mit Nahrungsmitteln ergänzt werden.

4 Handarbeit ist in Balis Reisterrassenanbau alltäglich.

5 Markt in Denpasar, der Hauptstadt Balis

6 Opfergaben aus Blumen oder Früchten können auch gekauft werden.

7 Opfergaben werden zum Pura Tannah Lot, einem Meerestempel, gebracht.

> **Nachgedacht**
> Hast du auch schon einmal daran gedacht, Opfergaben darzubringen, beispielsweise für eine gute Note bei der nächsten Prüfung?

Die Maori – kriegerisches Volk im Paradies Neuseeland?

In Neuseeland lebt das indigene Volk der Maori. Sie haben als erste Menschen die Insel besiedelt. Ihre Traditionen, Geschichten und Rituale sind nach wie vor wichtig. Heute beeindrucken sie besonders die zahlreichen Neuseeland-Reisenden.

Traditionen und Rituale

Der *Haka* ist für die Maori ein Tanz oder ein Lied mit Tanz. Er kann ein Begrüssungstanz sein, ein Unterhaltungstanz für Gäste, ein Kriegstanz, ein Tanz zur Einschüchterung von Gegnern usw. Ein Haka wird von Männern, Frauen oder auch in gemischten Gruppen getanzt. Die neuseeländische Rugby-Nationalmannschaft «All Blacks» führt vor jedem Länderspiel einen Haka auf. Auch im Schulsport wird vor Rugbyspielen der Haka getanzt.

Hongi ist eine spezielle Begrüssung, bei der die beiden Begrüssenden Stirn und Nase gleichzeitig aneinanderdrücken und hörbar ausatmen. Ausserdem reicht man sich die rechte Hand und fasst mit der linken Hand den Unterarm des Gegenübers. So verbindet sich der Lebensatem der beiden Menschen.

Moko sind Tätowierungen. Der Kopf gilt als heiligster Teil des Körpers, daher trugen alle hochrangigen Maori Moko im Gesicht. Seit den 1990er-Jahren wird das Gesicht als Zeichen der Maori-Identität wieder vermehrt tätowiert.

Neuseeland, das neue Paradies

Bis heute ist nicht sicher, ob die Maori mit ihren Kanus gezielt von Polynesien nach Neuseeland gefahren sind oder ob sie es zufällig entdeckten. Aufgrund des fruchtbaren Bodens und des angenehmen Klimas in Neuseeland blieben die Maori und bauten sich eine neue Zukunft auf. Heute zieht Neuseeland wegen der schönen Natur viele Touristinnen und Touristen an.

Maori sein

Als Maori gilt, wer sich mit der Kultur der Maori identifiziert. Diese Regel gilt unabhängig davon, ob die eigenen Vorfahren Maori waren oder nicht. In den letzten Jahren ist die Anzahl Maori in Neuseeland gestiegen, im Jahr 2017 waren es 734 200. Das sind etwa 15 Prozent der gesamten Bevölkerung Neuseelands. Aufgrund von staatlicher Anerkennung und Förderung (Ausbildung, Wahlvorteile usw.) hat die Kultur der Maori in den letzten 40 Jahren an Bedeutung gewonnen.

1 Die Landschaft Neuseelands mutet paradiesisch an. Die Maori bauten sich hier vor rund 1000 Jahren eine neue Zukunft auf.

2 Haka der Rugby-Nationalmannschaft «All Blacks» vor dem Spiel

Vorfahren aus Europa, vor allem aus Grossbritannien	67 %
Vorfahren aus Polynesien (Maori)	15 %
Vorfahren aus Tonga, Samoa und den Cookinseln	7 %
Vorfahren aus Asien	ca. 10 %

3 Herkunft der heutigen Bevölkerung Neuseelands, 2018

> **Nachgedacht**
> Warum wird beim Haka die Zunge herausgestreckt?

Maori heute

Das durchschnittliche Pro-Kopf-Einkommen der Maori ist kleiner als das von Neuseeland insgesamt. Maori sind häufiger von Sozialhilfe und Unterstützung abhängig als andere Bevölkerungsgruppen. Zudem haben fast 40 Prozent aller Maori über 15 Jahre keinen Schulabschluss. Aufgrund der tieferen Bildung und der häufig niedrigeren Löhne können sich die Maori weniger gesunde Nahrungsmittel leisten und müssen mit einer schlechteren medizinischen Versorgung leben. Daher ist auch ihre Lebenserwartung geringer als die durchschnittliche in Neuseeland.

5 Schüler begrüssen sich mit einem Hongi.

um 800 – 1400:	Maori entdecken und besiedeln in mehreren Etappen Neuseeland. Sie leben in kleinen Familien-, später in Grossgruppen. Diese kämpfen gegeneinander um die fruchtbarsten Gebiete.
1642:	Der niederländische Seefahrer Abel Tasman betritt als erster Europäer Neuseeland. Die Insel Tasmanien wird später nach ihm benannt. Weitere Europäer (u. a. James Cook) folgen und siedeln in Neuseeland.
18. Jh.:	Ein anderer Lebensstil, nützliche Alltagsgegenstände (z. B. Nägel, Gewehre) und technischer Fortschritt werden von den Europäern eingeführt, aber auch unbekannte Krankheiten (z. B. Grippe, Masern). Viele Maori sterben, da sie keine Abwehrkräfte besitzen.
1840:	Im Vertrag von Waitangi wird Neuseeland zu einer britischen Kolonie erklärt.
1845 – 1872:	Maorische Grossgruppen kämpfen mit Gewehren gegeneinander und auch gegen europäische Siedler. Die Maori verlieren und werden enteignet.
1975:	Maori bringen sich politisch ein und machen Gebietsansprüche geltend.
2008:	Die Regierung Neuseelands und sieben Maori-Grossgruppen einigen sich auf eine Entschädigung. Bis heute dauern die Streitigkeiten über Gebietsansprüche an.

4 Wichtige Etappen in der Geschichte der Maori

6 Maori-Familie mit typischer Gesichtstätowierung des Mannes

7 Der Poi-Tanz hat seinen Ursprung bei den Maori.

Nachgedacht
Warum haben viele Maori auch heute noch eine niedrigere Lebensqualität als andere Bewohner Neuseelands?

8 Bei traditionellen Festen rudern die Maori auf ähnlichen Kanus wie vor etwas mehr als 1000 Jahren, als sie vermutlich von Polynesien nach Neuseeland auswanderten.

Peru – Fischreichtum als paradiesische Lebensgrundlage?

1 Fischerboote im Hafen von Pucusana, Peru

2 Sardinenfischer in der Nähe von Los Órganos bei Mancora, Peru

3 Containerschiff und Hafenanlage Callao in Lima, Peru

Fischerei in Peru

Der Südostpazifik gehört zu den fischreichsten Gebieten der Welt. Im Jahr 2016 wurden dort rund 11,7 Millionen Tonnen Fisch gefangen (Nordpazifik: 20 Millionen Tonnen pro Jahr). Peru ist das Land, das weltweit (nach China) am zweitmeisten Fisch fängt. Fischerei und Bergbau gehören zu den wichtigsten Wirtschaftszweigen Perus.

Knapp 30 Prozent des Fischfangs werden mit Fischkuttern handwerklich betrieben. Der Rest erfolgt durch Grossfischerei. Etwa die Hälfte aller Produkte aus dem Fischfang wird an China exportiert, auch viele Fanglizenzen gehören China. Verkauft werden Fische, aber auch Fischprodukte wie Dosenfisch, Fischstäbchen, Fischfilet, Fisch und Meeresfrüchte in Dosen, Fertigmahlzeiten mit Fisch sowie Tiefkühlprodukte. Sie werden in peruanischen Fabriken hergestellt. Peru ist auch der weltweit grösste Hersteller von Fischmehl, das als Tierfutter (etwa in Aquakulturen) verwendet wird.

Sardellen vor Peru

Mit durchschnittlich über sieben Millionen Tonnen ist die Peruanische Sardelle der weltweit am meisten gefangene Seefisch. Die Sardelle lebt im kalten Wasser vor den Küsten Perus und Chiles, in etwa 3 bis 80 Metern Tiefe.

Vor der Küste Perus und Chiles ist das Wasser relativ kalt und wird von Meeresströmungen gut durchmischt. Deshalb kann Plankton gut wachsen. Dieses ist die Nahrungsgrundlage für Krill, der ebenfalls von Fischen und besonders von Walen gefressen wird. Peruanische Sardellen ernähren sich zu 98 Prozent von Plankton. Selbst werden sie von grösseren Fischen, Wasservögeln oder Meeressäugetieren verzehrt.

Die Sardellenfischerei hat in Peru seit 2013 um etwa 30 Prozent zugenommen. Vor der Küste Perus bilden sich jeweils riesige Sardellenschwärme. Peru gehört damit zu den Ländern, die ihren Fischfang in den letzten Jahren steigern konnten.

Die Fische bleiben aus

Alle paar Jahre, meist um die Weihnachtszeit, bemerkten peruanische Fischer, dass es viel weniger Fische gab als sonst. Die Fischschwärme blieben aus, die Fangmengen reduzierten sich stark. Im nächsten Jahr waren die Fische wieder da.

Mit der Zeit begannen die Fischer, zu beobachten, was da genau passierte. Sie stellten fest, dass die Fische früher etwa alle sieben Jahre ausblieben, heute etwa alle vier Jahre. Während dieser Zeit regnet es jeweils stark, es gibt Überschwemmungen. Ausserdem ist das Meerwasser etwa 3 bis 4 °C wärmer als sonst.

Die Erwärmung erklärt den Fischmangel: Plankton kann sich in warmem Wasser nicht gut vermehren, also fehlt das Futter für die Sardellen. Die Fischer nannten die Besonderheit «El Niño».

Warum wird das Meerwasser wärmer?

Heute weiss man, dass die Erwärmung des Wassers mit dem Wechselspiel zwischen Wind und Meeresströmungen zu tun hat. Im Normalfall wird das Oberflächenwasser von den Passatwinden von Südamerika nach Australien transportiert. Dann strömt kaltes Wasser an der Küste Perus aus der Tiefe nach oben.

In den El-Niño-Jahren kehrt der Wind um und bringt warmes Wasser an die Küsten von Peru und Chile. Das kalte Wasser bleibt in der Tiefe. Im warmen, sauerstoffarmen Wasser kann Plankton nicht so gut wachsen, die Fischschwärme gehen stark zurück.

Warum diese Veränderung von Wind und Meeresströmungen stattfindet, weiss man bis heute nicht genau. Für Peru haben diese El-Niño-Jahre schwerwiegende Folgen, weil dann eine wichtige Einnahmequelle fehlt.

Nachgedacht
Seit 2017 ist in der Schweiz die Einfuhr von Meeresprodukten aus illegaler Fischerei verboten. Wie wird das kontrolliert?

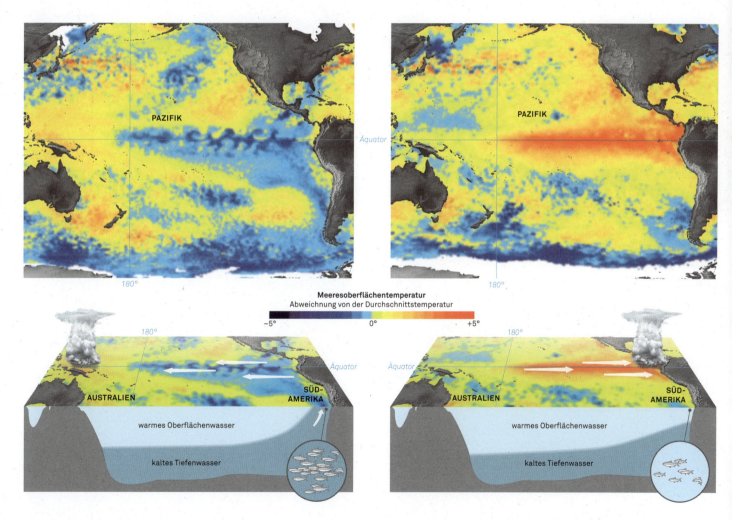

4 Normaljahr: Meerestemperaturen und Blockbild zur Situation

5 El-Niño-Jahr: Abweichung der Meerestemperaturen und Blockbild zur Situation

El Niño → Veränderungen von Winden und Meeresströmungen im Südpazifik, die sich auf die Küsten von Australien und Südamerika mit Hochwasser, Dürre, Fischmangel usw. auswirken

Beliebtes Australien – von Buschbränden und Dürre bedroht?

1 Melbourne – eine der lebenswertesten Städte der Welt

2 Der Uluru: beeindruckender Inselberg, Tourismushighlight und Heiligtum der Aborigines (Ureinwohner Australiens)

3 Die Gold Coast ist ein beliebtes Tourismusziel für Surfer.

Lebenswertes Australien

Australien ist eines der wohlhabendsten Länder der Welt. Im Ranking des HDI belegt es zusammen mit der Schweiz und Norwegen seit Jahren immer einen der ersten drei Plätze.

Die Städte Melbourne, Sydney und Adelaide gehören zu den zehn lebenswertesten Städten der Welt. Beeindruckend sind ihre Parkanlagen, die Kultur und Gastronomie, die freundlichen Menschen und die entspannte Stimmung. Rund 40 Prozent der Einwohnerinnen und Einwohner Australiens leben in Sydney oder Melbourne.

Wohlstand woher?

Australien verfügt über einen grossen, hochmodernen Dienstleistungssektor. Wichtige und wachsende Bereiche sind Tourismus, Gesundheitswesen, IT und Finanzen.

Ebenfalls bedeutend ist der Abbau von Rohstoffen. Australien gehört weltweit zu den grössten Exportländern von Eisenerz, Steinkohle, Gold, Erdöl, Erdgas, Diamanten, Opalen und Uran. Wichtige Handelspartner sind Japan, China, Südkorea, Indien, die USA und die EU. Australien hat nur eine kleine verarbeitende Industrie und ist stark vom Export abhängig.

In der Landwirtschaft dominiert die Haltung von Rindern und Schafen. Nur sechs Prozent der Landesfläche werden agrarisch genutzt, meist mithilfe von Bewässerung. Produziert werden Fleisch, Wolle, Weizen, Wein und Zuckerrohr. Etwa 80 Prozent der Produkte werden exportiert.

Tourismusziel Australien

Auch für Touristinnen und Touristen ist Australien ein paradiesisches Ziel. Jedes Jahr besuchen mehr Reisende das Land. Gründe dafür sind:
- Die Naturlandschaft Australiens ist extrem vielfältig: Es gibt Regenwälder, Wüsten, Strände, Küsten, Sumpfgebiete, Berge und ausgeprägtes Farmland.
- Die Tier- und Pflanzenwelt ist einzigartig. Bekannt sind Eukalyptusbäume, Koala, Känguru, Opossum, Wombat, Papageien, Pinguine usw.
- Im Vergleich zu Europa ist die Bevölkerungsdichte in Australien viel kleiner. Die Bevölkerung konzentriert sich vor allem auf die Städte an der Ostküste. Ein Grossteil des Landes ist nicht besiedelt.
- Die Strände sind wunderschön. Neben touristisch beliebten Zielen gibt es auch noch fast unberührte Strände. Es kann getaucht und auf riesigen Wellen gesurft werden.
- Tourismusziele wie der Uluru oder das Great Barrier Reef sind weltweit einzigartig.

> **Nachgedacht**
> Gibt es in Australien auch Naturgefahren durch Zyklone?

4 Road Trains transportieren Waren in die entlegensten Regionen. Aufgrund ihres Gewichts fahren sie meist sehr langsam.

Die Gefahr der Trockenheit

Doch nicht alles in Australien ist paradiesisch: Buschbrände, Dürre und Wassermangel verändern und beeinträchtigen die Landwirtschaft, die Lebensräume und damit die Lebensgrundlage von Menschen und Tieren. Besonders betroffen sind die Süd- und Ostküste sowie Zentralaustralien.

Der Klimawandel und El Niño führen immer häufiger zu Extremtemperaturen und ausbleibenden Niederschlägen. Die Wasserspiegel von Seen und Flüssen sinken, oft trocknen sie ganz aus.

Weil viele Farmen sehr isoliert liegen, müssen Futter und Wasser mit Road Trains über weite Strecken transportiert werden. Die Felder und Weiden verdorren, Wasser und Futter gibt es nur, wenn die Farmer es herbeischaffen.

Auch Buschbrände sind eine Folge der Trockenheit. Wenn die Temperaturen extrem sind, reichen ein Blitzschlag oder eine Unaufmerksamkeit der Menschen, Feuer auszulösen. Der hohe Ölgehalt in Eukalyptusbäumen trägt zur Ausbreitung des Feuers bei.

Der Mensch – Opfer oder Verursacher?

Betroffen sind nicht nur Farmer, sondern auch Menschen in Stadtnähe. Immer häufiger leben diese im Wald oder am Waldrand, ihre Häuser sind einfach und meist aus Holz gebaut.

Die Menschen tragen aber auch Verantwortung für Dürre, Feuer und Wassermangel. Durch die Verbrennung von Kohle und die intensive Viehwirtschaft werden CO_2 und Methan freigesetzt, die als Treibhausgase die Wärmeabstrahlung in die Atmosphäre verhindern.

5 Rinder werden auf ihren staubigen Weiden mit zugekauftem Heu gefüttert.

6 Zunehmend mehr Menschen wohnen in einfachen Wohnhäusern im Regenwald (hier in der Nähe von Melbourne).

> **Nachgedacht**
> Fast eine Million Kamele und eine halbe Milliarde Hasen leben in Australien. Warum ist niemand davon begeistert?

HDI → «Human Development Index» oder «Index der menschlichen Entwicklung»; gilt als Indikator für den Wohlstand von Ländern und wird aus verschiedenen Faktoren wie Einkommen, Lebenserwartung und Bildung berechnet.

Das Meer – die grösste Müllhalde der Welt?

1 Henderson Island ist die Heimat einzigartiger Pflanzen und Tiere. Das Korallenatoll gehört zum Unesco-Weltnaturerbe.

> **Nachgedacht**
> Warum gibt es Gesteine, die Bestandteile von Plastik enthalten?

2 Müll an einem Strand auf Henderson Island

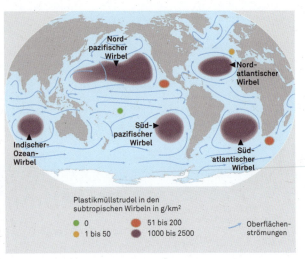

3 Müllwirbel in den Ozeanen der Welt

Henderson Island: von der Trauminsel zur Müllhalde

Henderson Island liegt mitten im Südostpazifik und gehört zu den Pitcairninseln. Die nur zehn Kilometer lange und fünf Kilometer breite Insel ist unbewohnt und an sich paradiesisch schön. Aber Spuren, die die Menschen hinterlassen, trüben das idyllische Bild: Müll aus aller Welt wird an die Strände geschwemmt – nach Schätzungen sind es allein auf Henderson Island rund 17 Tonnen Plastikmüll. Aufgrund der Beschriftungen auf den Plastikteilen konnten Forscher die Herkunft einiger Teile bestimmen. Sie stammen aus Asien und Südamerika. Doch wie gelangen sie nach Henderson Island?

Müllwirbel der Weltmeere: der Südpazifikwirbel

In den Ozeanen treiben mehr als 100 Millionen Tonnen Plastikmüll. Von Wind, Wellen und Meeresströmungen wird der Müll im Meer sehr weit transportiert. Er sammelt sich teilweise in grossen Meereswirbeln an, wie zum Beispiel im Südpazifikwirbel. Henderson Island liegt am westlichen Rand des Südpazifikwirbels, weshalb Müll auch an die Strände dieser Insel gelangt.

Müll als Zeichen der Wegwerfgesellschaft

Weltweit stammen 80 Prozent des Mülls aus Landgebieten, unter anderem aus Mülldeponien oder von weggeworfenem Abfall. Über das Abwasser oder Flüsse wird der Müll in die Ozeane transportiert. Neben Textilien, Papier, Metall und dem Abrieb von Reifen hat Kunststoff mit über 75 Prozent den grössten Anteil am Müll im Meer. Pro Jahr sind dies etwa 8 Millionen Tonnen Plastikmüll.
20 Prozent des Mülls im Meer haben ihre Ursache in Nutzungen des Meeres, beispielsweise sind es Abfälle, die über Bord geworfen werden, oder verlorene Fischernetze und Taue.

Mikroplastik verschmutzt das Meer

«Mikroplastik» werden Teilchen aus Plastik genannt, die kleiner als fünf Millimeter sind. Plastik zerfällt durch Sonneneinstrahlung, Reibung oder Mikroorganismen nur langsam und wird nicht vollständig zersetzt. Es dauert 10 bis 20 Jahre, bis eine Plastiktüte weitgehend abgebaut ist. Bei einer Plastikflasche kann es bis zu 450 Jahren dauern.

Mikroplastik entsteht nicht nur aus grösseren Plastikteilen, sondern stammt auch aus Produkten, die bereits Mikroplastik enthalten. Es kommt in Peelingprodukten, in Duschgel, in Zahnpasta und Kosmetika vor, entsteht aber auch durch das Waschen von Fleece-Kleidern. Die winzigen Partikel passieren Kläranlagen ungehindert und gelangen über die Flüsse ins Meer. Sichtbar sind die Teilchen auch in hoher Konzentration nicht. Müllwirbel darf man sich also nicht als Müllinseln mit grossen Plastikteilen vorstellen, sondern eher als «Müllsuppen», die aus winzigen Überresten von Plastik zusammengesetzt sind und bis 30 Meter unter der Wasseroberfläche schweben.

Müll im Meer und seine Folgen

Der Müll im Meer stellt eine grosse Gefahr für die Meereslebewesen dar:
- Viele Meerestiere verwechseln Plastik mit Nahrung, so verwechseln etwa Schildkröten Plastiktüten mit Quallen.
- Mikroplastik gelangt in den Körper von Meerestieren, z. B. von Fischen, die dann von uns Menschen gegessen werden.
- In verloren gegangenen Netzen und Tauen können Meereslebewesen hängen bleiben und verenden.

Dies hat auch ökonomische Folgen:
- Herumtreibender Müll im Meer kann Schäden an Schiffen verursachen.
- Strände, die besonders verschmutzt sind, wirken abschreckend auf den Tourismus.
- Es entstehen hohe Kosten für die stetige Beseitigung des Mülls.

Plastikmüll beseitigen und reduzieren

Um die Müllmenge in den Meeren zu reduzieren, wird an zahlreichen Lösungsansätzen geforscht. Im Alltag können auch wir dazu beitragen, den Müll in den Meeren zu verringern:
- Plastikverpackungen vermeiden,
- Abfall fachgerecht entsorgen und recyceln,
- keine Artikel mit Mikroplastikbestandteilen benutzen,
- Müll in der Natur einsammeln und fachgerecht entsorgen,
- Kleider und Kosmetika ohne Mikroplastik einkaufen,
- eine Müllsammelaktion starten.

> **Nachgedacht**
> Sind die Flüsse und Seen der Schweiz auch mit Mikroplastik verschmutzt?

> **Nachgedacht**
> Gibt es Mikroplastik auch im Boden?

4 Mikroplastik aus einem pazifischen Müllwirbel

5 Meeresschildkröte, deren Panzer durch ein Seil verformt wurde

6 Müllsammelaktion am Strand von Kuta, Bali. Der Müll wird von starken Winden und Meeresströmungen angeschwemmt.

Methode: Filme auswerten

Filme bieten eine gute Möglichkeit, Themen anschaulich zu erörtern und zu vertiefen. Komplizierte Sachverhalte können mit Filmen bildhaft dargestellt und komplizierte Vorgänge erlebbar gemacht werden. Die Fülle an Informationen, die ein Film liefert, macht es aber nötig, sie zu ordnen. Dabei gehst du am besten so vor:

Schritt 1: Fragen und Notizen vorbereiten
Bereite ein Notizblatt vor, damit du während des Films Fachbegriffe, Namen, Informationen und Fragen notieren kannst. Setze diese vier Beobachtungspunkte als Untertitel (Spalten oder Mindmap-Äste).
Je nach Film können folgende Beobachtungspunkte ergänzt werden:
– Orte und Landschaften, in denen der Film spielt;
– Personen, deren Lebensbedingungen gezeigt werden;
– Animationen oder Modelle, die Vorgänge erklären.
Die Beobachtungspunkte können auch auf verschiedene Gruppen aufgeteilt werden.

Schritt 2: Film anschauen
Schaue den Film an. Notiere zu jedem Filmabschnitt das Wichtigste in Stichworten. Ergänze dazu die Beobachtungspunkte auf deinem Notizblatt. Manchmal ist es nötig, einzelne Sequenzen oder den ganzen Film mehrmals anzuschauen.

Schritt 3: Notizen ergänzen
Berichte deinen Mitschülerinnen und Mitschülern von deinen Eindrücken. Ergänze oder korrigiere deine Notizen.

Schritt 4: Film zusammenfassen
Gliedere den Film in verschiedene Abschnitte. Fasse jeden Abschnitt mithilfe der Notizen zusammen.

Schritt 5: Informationen bewerten
Bewerte den Film. Folgende Fragen können dafür hilfreich sein:
– Wo, in welchem Raum spielt der Film?
– Welche Informationen habe ich zum Raum bzw. zu einer Frage erhalten?
– Erfüllt der Film meine Erwartungen?
– Waren die Informationen gut verständlich?
– Was habe ich verstanden und was nicht?
– Was hat mich erstaunt?
– Worüber möchte ich noch mehr erfahren?
– Womit könnte ich die Informationen des Films ergänzen (z. B. Weltatlas, Internet)?
– Welche Werte und Normen werden vermittelt?
Diskutiere diese Fragen in einer Gruppe oder der Klasse.

1 Informationen aus Filmen gewinnen

Denk weiter: Zwischen Fiktion und Wirklichkeit

1 Fiktion – Insel Motunui aus *Vaiana*

Was ist echt? Was ist erfunden?

In Spielfilmen oder auch in Büchern werden Realität und Fiktion (= das, was erfunden wurde) oft absichtlich miteinander vermischt. Zum Beispiel dienen wahre Begebenheiten oder Landschaften als Vorlage für eine erfundene Geschichte. Die Realität wird dafür oft verändert, anders dargestellt oder erzählt.

Bei der Betrachtung eines Films muss man sich deshalb bewusst sein, dass nicht alles genau so sein muss, wie es dargestellt wird. Mit einer Recherche kann man herausfinden, was der Wirklichkeit entspricht und was Fiktion ist.

Zum Beispiel *Vaiana*

Im Animationsfilm *Vaiana – das Paradies hat einen Haken* taucht der Zuschauer in die zauberhafte Inselwelt der Südsee ein. Die Regisseure und Musikproduzenten sind dafür extra nach Polynesien gereist und haben sich von Sagen, Traditionen, der Landschaft und der Inselwelt inspirieren lassen:

2 Wirklichkeit – Insel Bora Bora mit Mount Otemanu

- Moorea und Bora Bora gehören zu den schönsten Inseln der Welt. Die Saumriffe, der Mount Otemanu, weisse Strände, das klare Wasser und die spektakuläre Unterwasserwelt sind Vorbild für die Filminsel Motunui.
- Versteckte Höhlen und Wasserfälle auf den Inseln Monu und Monuriki (sie gehören zu den Fidschiinseln) fanden Einzug in die mystischen Szenen.
- Weil auf der Insel Fidschi Perlen gezüchtet werden, trägt Vaiana eine Perlenkette.
- Auf Samoa findet man die Tätowierkunst, die auch beim Halbgott Maui und dem Volk von Vaiana eine wichtige Rolle spielt.

Für weitere Elemente des Films *Vaiana* haben Historiker, Ozeanologen, Sprachwissenschaftler und heute lebende Nachfahren der polynesischen indigenen Bevölkerung zusammengearbeitet. Sie wollten die Kultur und das Leben auf der Inselwelt Polynesien vor 2000 Jahren möglichst genau nachstellen. Aus dem Film können deshalb viele Informationen zur polynesischen Kultur herausgelesen werde, zum Beispiel Kleider, Essen, Tänze, die Angst vor Vulkanausbrüchen oder die Segelschiffe.

Den Halbgott Maui hingegen gab es so nicht, denn in der Realität hat jede Insel eigene Geschichten über Götter. Maui vereinigt also verschiedene Mythen.

3 Fiktion – Tattoos des Halbgotts Maui aus *Vaiana*

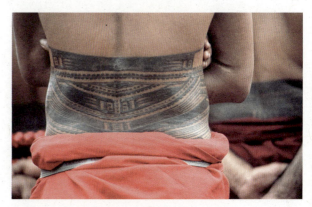

4 Wirklichkeit – Tätowierkunst auf Samoa

Zukunft gestalten

Wie kann ich nachhaltiger leben?

Nach dem Bearbeiten dieses Kapitels kannst du:
- Veränderungen nennen, mit denen die Weltgemeinschaft in Zukunft beschäftigt sein wird,
- Visionen für das Leben in der Zukunft beschreiben,
- die Bedeutung von wirtschaftlichen Prozessen erklären,
- begründen, warum der Schutz der Umwelt wichtig ist,
- erklären, warum für alle Menschen dieser Welt gute und gerechte Lebensbedingungen wichtig sind,
- Produkte und Ideen mithilfe von Kriterien der Nachhaltigkeit bewerten und Alltagsprodukte nachhaltiger verbessern.

Leben in der Zukunft

1 Stadt der Zukunft? Lilypad – eine schwimmende Ecopolis für Klimaflüchtlinge (Entwurf von 2008)

2 Seit 2018 transportiert in Schaffhausen ein selbstfahrender Bus die Fahrgäste – vorerst noch in einer Testphase mit Begleitung.

> **Nachgedacht**
> Was essen wir in einer nachhaltigen Zukunft?

Die Welt verändert sich

So wie sich die Welt in der Vergangenheit beständig gewandelt hat, wird sie sich auch in Zukunft verändern, unter anderem in folgenden Bereichen:
- Die Weltbevölkerung wird weiterhin zunehmen.
- Die Anzahl der Menschen, die in Städten wohnen, wird steigen.
- Neue Informations- und Kommunikationstechnologien werden immer wichtiger werden.
- Die Konsumansprüche werden sich ändern.

Einige dieser Veränderungen führen zu Problemen, unter anderem zur Verschmutzung von Luft, Wasser und Boden, zu Überbauung von Grünflächen, zu zunehmendem Rohstoffabbau und zu verstärkten Unterschieden zwischen armen und reichen Menschen.

Aber die Menschen entwickeln auch Lösungen oder Massnahmen zur Verbesserung der Probleme: So haben weltweit immer mehr Menschen Zugang zu Bildung. Der Faire Handel ist vielen Menschen ein Begriff. Oder es wird viel Geld in erneuerbare Energien investiert, welche die Umwelt weniger belasten.

Für das Leben in der Zukunft sind also weiterhin viele gute Ideen nötig. Manchmal sind sie sehr fantasievoll und scheinen unrealistisch. Immer häufiger werden aber Ideen und Projekte umgesetzt, die man noch vor wenigen Jahren für unmöglich hielt.

Wohnen in der Zukunft

Die Bevölkerung wächst stetig, auch in den Städten. Der Wohnbedarf steigt, immer mehr Grünflächen und Kulturland werden überbaut.
Bei der nachhaltigen Raumplanung werden Häuser dicht angeordnet. Zukünftig werden Gebäude und Stadtteile auch unter den Boden gebaut. Über den unterirdischen Gebäuden entstehen Parkanlagen. Dächer und Fassaden von Häusern über dem Boden werden begrünt.

Mobilität und Verkehr in der Zukunft

Die Zunahme des Verkehrs bringt mehr Mobilität, aber auch Stau, Lärm und Luftverschmutzung mit sich.
Nachhaltige Mobilität fördert den öffentlichen Verkehr sowie Elektrofahrzeuge. Sie verringern die Lärm- und Luftbelastung. Mit dem Teilen oder Vermieten von Fahrzeugen (Carsharing) kann deren Anzahl reduziert werden. Dadurch nimmt auch die Zahl der Parkplätze ab. Getestet werden selbstfahrende Autos, sie sollen weniger Unfälle verursachen.

Konsumverhalten in der Zukunft

Das veränderte Konsumverhalten führt zu immer mehr Abfall. In der Schweiz werden pro Kopf etwa 700 Kilogramm Abfall jährlich produziert (2017, Rang 3 weltweit). Der Müll entsteht unter anderem durch Verpackungen. Auch das steigende Konsumverhalten führt zu mehr Abfall, weil häufiger mehr Produkte gekauft werden. Immerhin: In der Schweiz wird die Hälfte der Abfälle recycelt, der Rest wird verbrannt, das erzeugt Energie.

Die nachhaltige Idee «Zero Waste – Null Müll» verfolgt das Ziel, sich Gedanken darüber zu machen, was man wirklich zum Leben braucht. So wird weniger gekauft, mehr recycelt und es entsteht weniger Abfall.

Arbeit und Bildung in der Zukunft

Die Digitalisierung verändert die Berufswelt: Sitzungen finden am Bildschirm statt, Roboter unterstützen Arbeitsprozesse (z. B. Krankenpflege), Drohnen liefern Medikamente, und neue Produktionsmethoden (z. B. 3D-Drucker) werden auch zu Hause verwendet.

Für eine nachhaltige Teilhabe an diesen Arbeitsprozessen ist eine gute Bildung wichtig. Sie ermöglicht, mit den Entwicklungen mitzuhalten und sich für gute und faire Arbeitsbedingungen einzusetzen.

Erholung in der Zukunft

Zunehmend mehr Menschen sind in ihrer Freizeit sehr aktiv und legen lange Strecken mit dem Flugzeug oder Auto zurück. Statt Erholung zu finden, geht die Hektik des Alltags weiter.

Ideen für eine nachhaltige Gestaltung der Freizeit sind zum Beispiel: Reisen in der näheren Umgebung (oder zu Hause bleiben), das gemütliche Lesen eines Buchs, Spaziergänge in der Natur, Gartenarbeit, langsames Unterwegssein (Velo, zu Fuss, Zug) und Sich-Zeit-Lassen für die Menschen, die Umwelt und die Kultur vor Ort.

Fazit

Viele der genannten Veränderungen stellen grosse Herausforderungen dar. Einfach lassen sich die Probleme nicht lösen, weil viele Themen miteinander verbunden sind. Eine ganzheitliche Sicht berücksichtigt gleichermassen die Interessen der Umwelt, der Menschen auf der ganzen Welt und der Wirtschaft – heute, aber auch in Zukunft. Diese umfassende Betrachtungsweise heisst «nachhaltige Entwicklung». Viele Länder der Welt haben sich dazu verpflichtet, die Veränderungen der Zukunft nachhaltig zu gestalten.

3 Plastiktüten, Getränkeflaschen, Verpackungen oder Kaffeebecher: Der Abfall nimmt zu. Einkaufen geht aber auch unverpackt.

4 In vielen Ländern der Welt wird vor allem den Mädchen die Schulbildung verweigert oder verboten. Eine Zukunftsvision ist, allen Kindern den Zugang zu Bildung zu ermöglichen.

5 Plogging oder Plalking: Beim Joggen oder Walken wird Müll aufgesammelt. Die Idee aus Skandinavien erobert die Welt.

Nachhaltige Entwicklung → Entwicklung, welche die Bedürfnisse der Gegenwart befriedigt, ohne die Möglichkeiten künftiger Generationen zu gefährden, ihre eigenen Bedürfnisse zu befriedigen. Wirtschaftliche, soziale und ökologische Interessen werden ausgewogen berücksichtigt.

Blickpunkt Wirtschaft

1, 2 Wocheneinkauf in Italien und in Ecuador – unterschiedliche Lebensbedingungen, Angebote, finanzielle Möglichkeiten

Was ist Wirtschaft?

Alle Menschen streben danach, dass es ihnen gut geht und dass sie ihre Bedürfnisse erfüllen können. Damit dies gelingt, ist Wirtschaft nötig. Wirtschaft umfasst alles, was mit der Produktion und der Verteilung von Gütern und der Bereitstellung von Dienstleistungen zu tun hat, also Herstellung, Handel, Konsum und Entsorgung.
Wirtschaft kann mit dem Bruttoinlandprodukt (BIP) gemessen werden. Das ist der Wert aller Güter und Dienstleistungen, die in einem Jahr in einem Land hergestellt werden.
Wenn die Wirtschaft in einem Land wächst, bringt dies mehr Arbeit, also Arbeitsplätze und mehr Geld. Alle Länder streben deshalb nach wirtschaftlichem Wachstum.

Die Bedeutung von Arbeit

Erreicht wird Wirtschaft durch
- Arbeit (die körperliche und geistige Tätigkeit von Menschen);
- Boden (Bodenfläche, Rohstoffe, Energie);
- Kapital (finanzielle Mittel wie Geld oder Aktien, zudem Maschinen, Werkzeuge, Gebäude);
- Wissen (Schul- und Berufsbildung).

In vielen Ländern ist heute körperliche Arbeit weniger wichtig, weil sie durch (günstigere) Maschinen ersetzt wird. Dafür gewinnt, vor allem aufgrund der Digitalisierung, das Wissen immer mehr an Bedeutung.
Arbeit ist für das Selbstbewusstsein wichtig, dient der Existenzsicherung, bestimmt den Lebensstandard, bringt soziale Kontakte und Zufriedenheit. Damit Menschen eine gute Arbeit finden und ausüben können, ist eine gute Ausbildung wichtig.

3 Ausgewählte Ziele der Agenda 2030 für eine nachhaltige Entwicklung der Wirtschaft

Nachgedacht
Führt Wirtschaftswachstum auch zu besserer Lebensqualität, Glück und Wohlbefinden?

Arbeitsteilung und Handel

Die Arbeit hat sich im Lauf der Zeit stark verändert. Früher stellte jeder ein Produkt her: der Schuster Schuhe, die Näherin Kleider. Die früheste Form von Handel bestand darin, Waren einzutauschen, die man nicht selbst herstellte.

Im Zuge der Arbeitsteilung wurden jeweils nur noch einzelne Schritte bei der Herstellung von Produkten ausgeführt. Knöpfe, Fäden, Stoff, Farbe – jeder machte das, was er oder sie am besten konnte. Einfache Arbeiten wurden zunehmend von Maschinen erledigt. Die Produktion konnte dadurch stark gesteigert werden. Handel fand nun auch mit den Einzelteilen statt.

Heute besteht eine globale Arbeitsteilung. Jedes Land stellt das her oder bietet das an, was es am besten oder am günstigsten kann. Der Handel findet weltweit statt. Dafür sind Strassen, Bahnlinien, Flug- und Schiffsrouten nötig. Die Kosten für den Transport der Waren sind stark gesunken, zudem haben sich Transportzeiten verkürzt. Mit grösseren und leistungsfähigeren Transportmitteln (Schiffe, Flugzeuge, Lastwagen, Züge) kann in weniger Zeit mehr transportiert werden. Heute werden im Vergleich zu 1950 etwa 40-mal mehr Waren gehandelt. Wegen des zunehmend internationalen Handels nimmt die Vielfalt an Produkten zu. Die Länder sind aufgrund des Handels von Waren stark voneinander abhängig.

Aktuelle Herausforderungen

Kinderarbeit: Weltweit arbeiten etwa 200 Millionen Kinder. Damit tragen sie zum Familieneinkommen bei. Die Kinder können nicht zur Schule gehen, sind oft krank und werden ausgebeutet. In der Schweiz wurde Kinderarbeit 1997 endgültig verboten.

Internationaler Wettbewerb: Der Wettbewerb zwischen Ländern und Firmen ist hart. Um mithalten zu können, muss immer billiger produziert werden. Dies gelingt oft nur noch wenigen grossen Firmen.

Ungleichverteilung: Nicht alle Menschen profitieren in gleichem Masse von der wirtschaftlichen Entwicklung. Viele Reiche werden immer reicher, es gibt aber auch mehr Armut. Korruption ist oft verbreitet. Das angestrebte Wirtschaftswachstum führt zu zwei Hauptproblemen:
- Viele Menschen werden bei ihrer Arbeit ausgenützt, schlecht bezahlt und ungerecht behandelt.
- Die Umwelt wird stark belastet. Die Ökosysteme können sich nicht mehr erholen, die Umweltqualität sinkt. Messen lässt sich dies unter anderem mit dem «Ökologischen Fussabdruck». Das ist die Produktionsfläche, die nötig ist, um den derzeitigen Lebensstil der Menschen zu ermöglichen.

Eine nachhaltige Entwicklung zielt darauf ab, Wirtschaftswachstum mit fairen Arbeitsbedingungen und Schutz der Umwelt zu ermöglichen.

> **Nachgedacht**
> Warum sind Gesundheit, Bildung und weniger Ungleichheiten wichtig für das Wirtschaftswachstum?

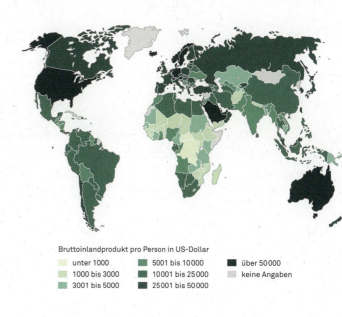

4 Bruttoinlandprodukt 2017

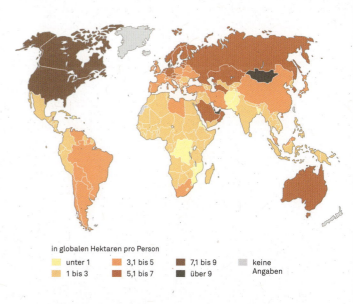

5 Ökologischer Fussabdruck, 2018

Arbeitsteilung → Produktionsprozess, bei dem der Arbeitsprozess in viele kleine Schritte unterteilt wird und bei dem viele verschiedene Personen, Firmen oder Länder am Endprodukt beteiligt sind

Blickpunkt Umwelt

1 Die natürliche Umwelt besteht aus Pflanzen, Boden, Luft, Gestein und Wasser.

> **Nachgedacht**
> Warum profitierst du von sauberem Wasser, erneuerbarer Energie und gesunden Lebensräumen?

2 Ausgewählte Ziele der Agenda 2030 für eine nachhaltige Entwicklung der Umwelt

Wir brauchen die Umwelt

Die natürliche Umwelt ist für die Menschen und deren Entwicklung wichtig: Sie ist Lebensraum für Pflanzen und Tiere, aber auch Erholungsraum für die Menschen. Die verschiedenen Landschaften sind charakteristisch für die vielen Regionen der Welt und bieten Menschen ein Zuhause.

Die natürliche Umwelt ist aber auch für die Wirtschaft wichtig:
- Luft, Wasser und Boden sind zum Leben nötig,
- Nahrungsmittel werden auf Böden produziert,
- Rohstoffe und Energie aus der natürlichen Umwelt werden für die Produktion von Gütern benötigt,
- Abfälle und Emissionen werden von der natürlichen Umwelt aufgenommen,
- Erholungsräume werden touristisch genutzt.

Umwelt in unserem Alltag

Wohnen: Unsere Häuser werden aus Beton gebaut. Dafür ist Sand nötig, der aus Kiesgruben, dem Meer oder aus Flüssen gewonnen wird.

Freizeit: Mit dem Flugzeug können wir an entlegene Orte reisen. Am Ferienort erwarten wir Hotels, Strassen und Freizeitangebote sowie Wasser und Nahrungsmittel.

Kommunikation: Für die Produktion von Handys braucht es viele Rohstoffe. Sie werden in Minen oder Lagerstätten abgebaut. Der Betrieb der Geräte benötigt Energie, die in Kraftwerken erzeugt wird. Alte Geräte müssen entsorgt werden.

Versorgung: Kleider bestehen aus Baumwolle oder synthetischen Stoffen, die aus Erdöl gewonnen werden. Da sie oft in anderen Ländern produziert werden, sind Transportmittel und Verkehrswege nötig.

Umweltbelastungen

Die Beispiele zeigen, dass die Menschen das natürliche System der Erde belasten. Diese Belastbarkeit hat Grenzen, die beachtet werden müssen. Sonst wird die Existenz der Menschen bedroht. Umweltbelastungen entstehen,
- wenn der Verbrauch eines Umweltguts seine Erholungsfähigkeit übersteigt (wenn z. B. mehr Grundwasser verbraucht wird, als sich nachbildet);
- wenn sich die Qualität eines Umweltguts verschlechtert (wenn z. B. das Grundwasser verschmutzt wird).

Nicht alle Regionen der Welt sind gleichermassen von Umweltbelastungen betroffen. Oft fehlen Geld und Wissen, aber auch die Kontrolle für den Schutz der Umwelt. Nachhaltige Entwicklung ermöglicht Wirtschaftswachstum unter Berücksichtigung der Anliegen der Umwelt.

Bedeutung und Bedrohung der Lebensräume

Böden sind unser Lebensraum und für die Nahrungsmittelproduktion zentral. Im Gestein lagern Rohstoffe. Böden werden zugebaut oder verdichtet, sie trocknen aus oder erodieren. Minen, Lagerstätten und Abfalldeponien belasten den Untergrund.

Wälder speichern weltweit 290 Milliarden Tonnen CO_2. Sie tragen zu einem guten Weltklima bei. *Pflanzen* liefern Nahrungsmittel, Medikamente und Rohstoffe (Holz, Kork, Harz). Wälder sind Erholungsräume und bieten Sicherheit vor Naturrisiken. Sie werden durch Abholzung bedroht, die Artenvielfalt geht zurück.

Süsswasser ist für die Ernährung sowie für Pflanzen und Tiere wichtig. Die Landwirtschaft und die Industrie nutzen es zur Bewässerung und für die Energiegewinnung. Wasser wird immer knapper, weil immer mehr Menschen Wasser brauchen. Energiebauten, Transportwege, Abfälle und Abwässer, die Fischerei und der Klimawandel verschlechtern die Wasserqualität.

Ozeane stellen für über 40 Prozent der Weltbevölkerung einen wichtigen Lebensraum dar (Ernährung, Fischerei, Tourismus, Schifffahrt, Lebensraum Küste). Die Ozeane sind durch Überfischung, Treibstoffe, Lärm der Schiffe und Plastikmüll bedroht.

Die *Atmosphäre* ist zum Überleben nötig. Wegen der Zunahme von Gasen in der Atmosphäre wird es seit 150 Jahren immer wärmer. Die Folge sind Meeresspiegelanstieg, veränderte Lebensräume und zunehmende Naturrisiken.

Nachgedacht
Was bedeutet es, wenn Menschen, etwa in der «Permakultur»-Bewegung, ganz im Einklang mit der Natur leben?

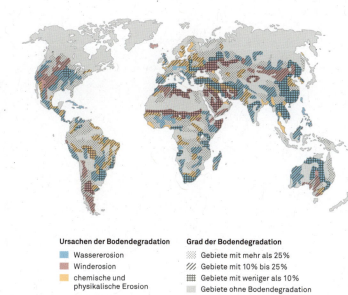

3 Ursachen und Grad der Bodendegradation, 2017

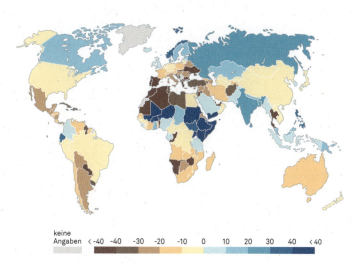

4 Prognostizierte erneuerbare Wasserressourcen für die Zeit von 2070 bis 2090, in Prozent, 2018

5 Die zukünftige Nutzung der Meere durch immer mehr Menschen muss nachhaltig geregelt werden.

Bodendegradation → Verschlechterung des Bodens

Blickpunkt Umwelt – Fokus Klimawandel

1 Eine Folie soll den Rhonegletscher (Kanton Wallis) vor dem Abschmelzen schützen.

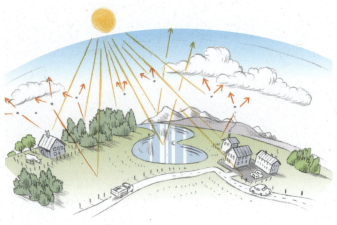

2 Natürlicher Treibhauseffekt

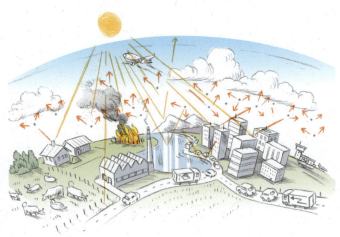

3 Gründe für die Zunahme von Gasen in der Atmosphäre und verstärkter (menschgemachter) Treibhauseffekt

Das Klima ändert sich seit Millionen von Jahren immer wieder. Kalte Phasen und Eiszeiten wechseln ab mit wärmeren Phasen.
Die Veränderungen des Klimas, für die die Menschen im letzten Jahrhundert verantwortlich waren, übersteigen in Tempo und Ausmass aber alle natürlichen Entwicklungen. Ursache dafür ist die veränderte Lebensweise der meisten Menschen. Die Verbrennung fossiler Brennstoffe – etwa beim Heizen (Kohle, Erdöl, Erdgas) –, die Zunahme des Verkehrs, das Abholzen von Regenwäldern, die Viehzucht und die industrielle Landwirtschaft sowie veränderte Konsumgewohnheiten – all dies beeinflusst und verändert die Zusammensetzung der Atmosphäre.

Die Atmosphäre

Die Atmosphäre, die die Erde umgibt, besteht aus verschiedenen Gasen, unter anderem Stickstoff (N_2, 78%), Sauerstoff (O_2, 21%), Methan (CH_4), Kohlendioxid (CO_2) und Ozon (O_3). Gäbe es diese Gase nicht, wäre es auf der Erde etwa –18 °C kalt.

Der natürliche Treibhauseffekt

Der natürliche Treibhauseffekt entsteht in der Atmosphäre. Die Sonnenstrahlen (Licht) durchdringen die Atmosphäre leicht. Auf der Erdoberfläche werden sie in Wärme umgewandelt und je nach Oberfläche geschluckt (absorbiert) oder reflektiert. Die reflektierten Wärmestrahlen werden auch von den Gasen in der Atmosphäre gestreut oder zurückgestrahlt. So erwärmt sich die Atmosphäre.

Der «menschgemachte» Treibhauseffekt

Die veränderte Lebensweise der Menschen bewirkt eine Zunahme der Gase in der Atmosphäre, vor allem von Kohlendioxid (CO_2). Dadurch wird mehr Wärmestrahlung gestreut und reflektiert und die Atmosphäre erwärmt sich immer stärker. Diese Erwärmung wird auch als «Klimawandel» bezeichnet. Die Forschung geht davon aus, dass sich die Erde bis zum Jahr 2100 um 1,1 °C bis 6,4 °C erwärmen wird. Dies wird weltweit zu grossen Veränderungen für Mensch und Umwelt führen.

> **Nachgedacht**
> Welche der beschriebenen Auswirkungen des Klimawandels hast du bereits erfahren?

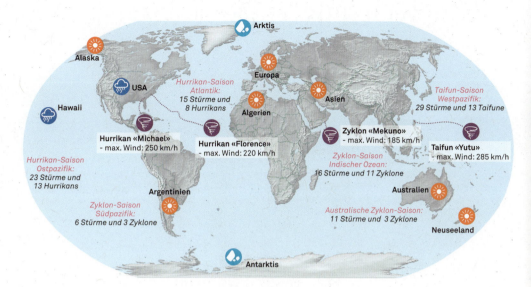

 Wärmerekorde
 Rückgang Eisbedeckung
 Starkniederschläge/Hochwasser

4 Globale Folgen des Klimawandels im Jahr 2018

Auswirkungen auf die Welt

Der Klimawandel hat Auswirkungen auf alle Regionen der Welt, aber die Folgen sind sehr unterschiedlich:
- Gletscher und Eiskappen schmelzen ab. Warmes Wasser dehnt sich aus. Dadurch steigt der Meeresspiegel. Dies führt an Küsten zu Überflutungen und Erosion.
- Wetterextreme, unter anderem starke Regenfälle, werden häufiger. Dies führt zu Überflutungen und zu einer Verminderung der Wasserqualität.
- Hitzewellen werden häufiger. Die Folge sind Dürre, Waldbrände und Wassermangel. Beeinträchtigt werden Landwirtschaft, Energiegewinnung, Fischerei, Schifffahrt, Trinkwasser und die Lebensräume der Menschen.
- Hitzewellen wirken sich auf die Gesundheit der Menschen aus, besonders in Städten.
- Tiere und Pflanzen müssen sich an neue Lebensräume anpassen, Ökosysteme verändern sich.

Auswirkungen auf die Schweiz

- steigende Schneefallgrenze, weniger Schnee → Skitourismus nur mit künstlicher Beschneiung möglich
- verstärkte Gletscherschmelze → abnehmende Energieproduktion
- mehr Regen im Winter → Hochwassergefahr in tieferen Lagen
- Abschmelzen des Permafrosts → mehr Fels- und Bergstürze → instabile Bauten im Gebirge
- heissere Sommer → Niedrigwasser in Flüssen und Seen → Wasserkonflikte zwischen Industrie (Kühlwasser) und Landwirtschaft (Bewässerung) → Fischsterben → eingeschränkte Schifffahrt
- zunehmende Trockenheit → Ernteausfälle
- mehr Hitzetage → Gesundheitsbeeinträchtigungen von älteren und kranken Menschen oder Kindern → Energiebedarf durch Klimaanlagen
- Veränderung von Lebensräumen → Aussterben, Abwandern oder Einwandern von Tieren und Pflanzen

5 Die Verbrennung fossiler Brennstoffe in Fabriken und Verbrennungsmotoren trägt zur Klimaveränderung bei.

Klima → Durchschnittliche Vorgänge und Zustände der Atmosphäre an einem bestimmten Ort während mindestens 30 Jahren

Nachgedacht
Warum haben 2019 so viele Jugendliche auf den Strassen für den Klimaschutz demonstriert?

Blickpunkt Gesellschaft

1   Für viele Jugendliche sind modische Kleider und elektronische Geräte selbstverständlich.

> **Nachgedacht**
> Warum sollst du mit anderen Menschen dieser Welt solidarisch sein? Und wie trägt diese Solidarität zu einem besseren Leben dieser Menschen bei?

Verbunden mit der ganzen Welt

Viele Menschen auf der Welt sind mit unserem Leben verbunden: Beispielsweise werden in Bangladesch unsere Kleider genäht, in Spanien unsere Nahrungsmittel produziert oder in Chile das Lithium für die Handyakkus abgebaut. Und an vielen Ferienorten stellen Menschen die Infrastruktur für unsere Erholungszeit bereit. Wenn wir einkaufen, unterwegs sind oder etwas konsumieren, hat dies oft mit dem Leben von Menschen auf der ganzen Welt zu tun. Die Lebensweise dieser Menschen unterscheidet sich oft stark von der unseren.

Nicht allen Menschen geht es gut

Manchmal interessieren wir uns für andere Menschen auf der Welt – wenn wir ihre Rezepte ausprobieren oder ihre Lebensmittel essen, Kleider aus ihren Stoffen tragen, ihre Feste mitfeiern oder ihre Lebensweisen auf Reisen kennen lernen wollen.

Oft aber wissen wir nicht, wie andere Menschen auf der Welt leben, wie es ihnen geht, ob die Kinder zur Schule gehen oder die Erwachsenen eine Arbeit haben. Wir wissen nicht oder vergessen, dass

– weltweit über 385 Millionen Kinder in Armut leben, das heisst, weniger als CHF 2.– pro Tag zum Leben haben;
– weltweit über 820 Millionen Menschen Hunger leiden;
– Frauen und Mädchen in vielen Ländern benachteiligt und unterdrückt werden;
– nicht alle Kinder zur Schule gehen können;
– die reichsten 42 Menschen der Welt so viel Geld haben wie 3,7 Milliarden der ärmsten Menschen;
– viele Menschen sehr wenig verdienen, keine Arbeitsrechte haben und ausgenützt werden;
– weltweit etwa 152 Millionen Kinder arbeiten, damit ihre Familien genug Geld zum Leben haben.

2   Ausgewählte Ziele der Agenda 2030 für eine nachhaltige Entwicklung der Gesellschaft

3 Agenda 2030, Ziele 1 und 2: Alle Menschen brauchen genug zu essen – die Bekämpfung der Armut ist ein wichtiges Ziel. Im Bild: Mittagstisch in Bolivien

Billig – für wen?

Damit wir günstige Kleider und andere Produkte kaufen können, wird die Produktion in Länder verlagert, in denen Menschen billiger arbeiten als bei uns. Das kann aus der Sicht der Schweiz Polen oder Portugal sein, meist handelt es sich aber um ein Entwicklungsland in Afrika, Asien oder Lateinamerika.

Damit wir Nahrungsmittel auch dann kaufen können, wenn sie bei uns nicht wachsen, müssen diese in wärmeren Ländern angebaut werden, etwa in Ländern Afrikas. Trotz langer Transportwege darf das Produkt nicht teuer sein. Für uns sind günstige Produktionsbedingungen ein Vorteil, für die Menschen in anderen Ländern der Welt ist dies oft nicht so. Wenn sie können, suchen sie bessere Lebensbedingungen an anderen Orten und verlassen mit ihren Familien die Heimat. Meistens ist dies aber nicht möglich.

Gutes Leben für alle – heute und in Zukunft

Weltweit ist anerkannt, dass sich die Lebenssituation aller Menschen verbessern soll. Alle Menschen sollen in Frieden leben können, genug zu essen und gute Arbeitsbedingungen haben sowie gleichberechtigt behandelt werden. Das soll nicht nur für uns heute gelten, sondern auch für unsere Kinder und Enkelkinder.

In welchen Bereichen sich das Leben der Menschen verbessern soll, wird in der Agenda 2030 beschrieben. Die Agenda 2030 ist seit 2016 der globale Plan für gemeinsame nationale und internationale Lösungen der grossen Herausforderungen. Während der Laufzeit von 15 Jahren sollen 17 aufgeführte Bereiche substanziell verbessert werden. Zentrale Ziele sind:

- das Voranbringen des Wirtschaftswachstums,
- ein nachhaltiger Umgang mit natürlichen Ressourcen, der den Erhalt von Ökosystemen gewährleistet,
- Chancengleichheit,
- die Reduktion von Unterschieden im Lebensstandard.

Die angestrebte Entwicklung wird auch als «nachhaltige Entwicklung» bezeichnet. Wir können beim Einkaufen, Essen oder Reisen dazu beitragen, dass es allen Menschen auf der Welt ein wenig besser geht.

4 Agenda 2030, Ziel 3: Der Zugang zu Gesundheitsversorgung sowie Aufklärung und Information sind wichtig. Im Bild: Ein Kind in Benin (Afrika) erhält Medizin.

5 Agenda 2030, Ziel 4: Schulbildung für alle, besonders für Mädchen, ist für die weltweite Entwicklung bedeutsam. Im Bild: Schule in Indien

6 Agenda 2030, Ziel 5: Frauen sind weltweit benachteiligt. Ihre Förderung stärkt die Entwicklung von Ländern. Im Bild: Massai-Frauen (Afrika) bei der Buchhaltung

Nachhaltige Ideen verändern die Welt

1 Ziel 12 der Agenda 2030: Verantwortungsvoller Konsum und verantwortungsvolle Produktion

Wirtschaft, Umwelt und Gesellschaft sind verbunden

Bei der Produktion von Gütern sind wirtschaftliche Prozesse mit Umweltanliegen und gesellschaftlichen Bedingungen verbunden:
- Die Produktion von Gütern kurbelt die Wirtschaft an. Verschiedene Länder sind daran beteiligt und profitieren davon. Dadurch werden Arbeitsplätze geschaffen.
- Jede Produktion benötigt Rohstoffe. Deren Gewinnung erfordert Wasser und Energie. Nicht überall gewährleisten Umweltstandards die fachgerechte Entsorgung von Abfällen. Verunreinigungen von Böden, Wasser und Luft sind die Folge.
- Nicht überall sind die Arbeitsbedingungen gerecht. Oft werden Arbeiterinnen und Arbeiter ausgenützt: mit langen Arbeitszeiten, geringen Löhnen, fehlender Sicherheit oder mangelnden Rechten.

Nachhaltige Produktion

Verantwortungsvoll ist eine Produktion dann, wenn sie nachhaltig ist. Dies ist bei der Herstellung von Produkten oder der Bereitstellung von Dienstleistungen der Fall, wenn
- ein Unternehmen unter fairen Bedingungen mit Gewinn arbeitet,
- negative Umweltauswirkungen reduziert sowie Energie, Wasser, Luft und Boden geschont werden,
- sichere und gerechte Bedingungen für Arbeiterinnen und Arbeiter herrschen.

Eine nachhaltige Produktion bietet neue Chancen und Vorteile. Beispielsweise können Kosten gespart, ein besseres Image aufgebaut und kompetente Fachkräfte angezogen werden.

2 Aspekte von nachhaltigen Produktionsbedingungen

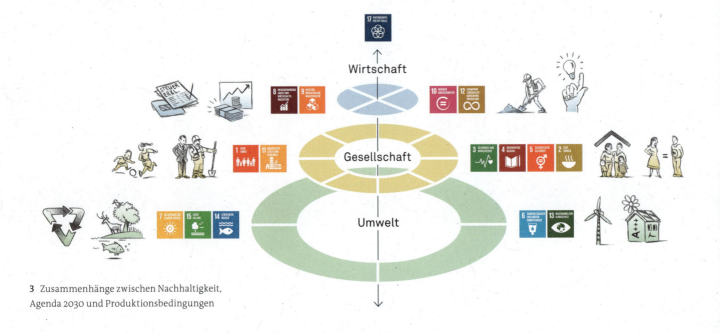

3 Zusammenhänge zwischen Nachhaltigkeit, Agenda 2030 und Produktionsbedingungen

4 Die Schweizerische Post würdigt die Idee des Solarflugzeugs mit einer Briefmarke.

Am Anfang steht eine Idee

Nachhaltige Entwicklung beginnt oft mit einer Idee: Ein bestehendes Produkt oder eine Dienstleistung wird verbessert, anders gedacht oder neu entwickelt.

Auch der Schweizer Psychiater und Abenteurer Bertrand Piccard hatte eine nachhaltige Idee. 1999 hatte er als erster Mensch die Welt in einem Heissluftballon umrundet. Doch dabei bangte er in seinem Ballon ständig um Treibstoff. Da entstand der Gedanke, ein Flugzeug mit Solarkraft zu betreiben. Und er wollte mit einem solchen Flugzeug um die Welt fliegen.

Bis er dies verwirklichen konnte, vergingen über 13 Jahre. Bei der Entwicklung seines Solarflugzeugs musste Piccard grosse Herausforderungen meistern, unzählige Probleme lösen und mit Rückschlägen umgehen. Doch der Schweizer Pionier hörte nicht auf andere Meinungen, sondern war kreativ und mutig. So machte er das scheinbar Unmögliche möglich: 2015/2016 umrundete er die Welt ohne Treibstoff – in mehreren Etappen und mit Reparaturunterbrüchen. Damit regte Bertrand Piccard die Menschen auch zum Nachdenken über die Zukunft an.

Vorbildfunktion

Immer mehr, vor allem kleine Unternehmen erfinden nachhaltige Produkte oder Dienstleistungen für einen wachsenden Markt. Aber auch grosse, etablierte Firmen oder sogar ganze Länder versuchen, nachhaltige Ideen umzusetzen, und werben dafür auf ihren Websites.

5 Das Solarflugzeug «Solar Impulse», Payerne 2014

6 Die beiden Piloten Bertrand Piccard und André Borschberg vor der «Solar Impulse»

Nachgedacht
Welches nachhaltige Produkt oder welche Idee hast du schon einmal gekauft oder angetroffen? Was beeinflusst deinen Kaufentscheid?

Getränke – anders gedacht

1 Verarbeitung von Zuckerrohr in Paraguay

2 Der Hort in Asunción ist für Kinder und Jugendliche ein zweites Zuhause.

> **Nachgedacht**
> Welche Auswirkungen auf die Wirtschaft, die Umwelt und die Menschen hat dein Lieblingsgetränk?

Selbstverständlicher Genuss?

Trinken ist für unsere Gesundheit und unser Leben wichtig. Ohne zu trinken, können wir nur 5 bis 7 Tage überleben.

Für uns in der Schweiz ist Trinken etwas Selbstverständliches: Das Wasser kommt frisch aus dem Wasserhahn, für Abwechslung sorgen reichhaltige Angebote in den Läden. An anderen Orten auf der Welt steht nicht einmal sauberes Trinkwasser zur Verfügung. Es muss aufwendig von Brunnen über weite Strecken transportiert werden, und dies täglich.

Trinkwasser ist also ein kostbares Gut, mit dem sorgsam umgegangen werden muss. Eine Möglichkeit ist, Getränke nachhaltig zu produzieren.

Biolimonade aus fairer Produktion

Das Ziel, eine Limonade mit Produkten aus biologischem Anbau und Fairem Handel zu produzieren, hatten 2009 auch einige junge Männer aus Deutschland. Zunächst mischten sie in der hauseigenen Küche Rohrzucker, Limetten und Wasser mit Erfolg zu einer Limonade. Sie gründeten eine Firma, die aus dem Erlös der Limonade Projekte finanziert, welche die Lebenssituation von anderen Menschen verbessert.

Heute produziert die Firma verschiedene Limonaden sowie Tee- und Eisteesorten. Jeweils 5 Cent pro Flasche werden in die Projekte investiert – bis heute waren es bereits über 4,5 Millionen Euro. Auch wenn die Rohstoffe teurer sind als bei herkömmlichen Produkten, erwirtschaftet die Firma mittlerweile Gewinne – Umweltschutz und soziale Verantwortung lohnen sich.

Unterstützung in Paraguay

Paraguay ist ein landwirtschaftlich geprägtes Entwicklungsland. Am Rand der Hauptstadt Asunción liegt der Obst- und Gemüsemarkt Abasto. Viele Kinder treiben sich unbeaufsichtigt auf dem Gelände herum, weil ihre Eltern arbeiten. Sie essen Obst und Gemüse, das herumliegt. Meist arbeiten sie mit und gehen nicht zur Schule.

Mit dem Geld aus dem Limonadenverkauf wurde in einer ehemaligen Lagerhalle ein Hort eingerichtet, der täglich von 80 Kindern zwischen 6 und 14 Jahren besucht wird. Dort bekommen sie gesundes Essen, lernen kochen, machen Hausaufgaben und spielen, erhalten Schulbücher und werden von Ärzten untersucht. Die Kinder dürfen den Hort nur besuchen, wenn sie regelmässig zur Schule gehen.

Kaffee aus fairer Produktion

In der Schweiz sind in den vergangenen Jahren zahlreiche kleine Kaffeeröstereien und Spezialgeschäfte entstanden. Sie stellen eine Alternative zu den grossen Firmen dar.

Dazu gehört auch ein Unternehmer aus dem Zürcher Weinland. Er wuchs als Kind unter Kaffeebauern in Äthiopien auf und erlebte dort die Gastfreundschaft der Menschen, die mit traditionellen Kaffeezeremonien Gäste verwöhnten. Gleichzeitig erlebte er aber auch die bittere Enttäuschung der Kaffeebauern, wenn die Ernte misslang, die Kaffeehändler ihnen die Ernte ablockten und die harte Arbeit der sechsmonatigen Kaffeeernte nicht für das Überleben der Familie ausreichte.

Unterstützung in Äthiopien

Der Kleinunternehmer gründete eine eigene Kaffeerösterei. Damit will er dazu beitragen, die Situation zu verbessern. Der Kaffee stammt aus Brasilien, Peru, Indonesien, Honduras und vor allem aus Äthiopien. Er wird biologisch angebaut. Oft handelt es sich in Äthiopien um Wildkaffee, die Kaffeebäume wachsen wild im Regenwald. Vor Ort engagiert er sich zusammen mit einer Genossenschaft von verschiedenen Kleinröstern für die Förderung der traditionellen Kultivierungsform und den direkten Handel. Die Bauern wissen bereits vor dem Verkauf, welche Mengen bezogen werden und was sie daran verdienen. Ein Teil wird sogar vorfinanziert. So können die Bauern ihre Familien ernähren und die Kinder zur Schule schicken. Mindestens einmal pro Jahr wird bei einem Besuch der direkte Kontakt gepflegt und über Qualität, Anbau, Preise und Standards diskutiert. Der Kaffeegenuss umfasst damit soziale Verträglichkeit sowie den Erhalt von Lebensräumen und der Biodiversität.

> **Nachgedacht**
> Worauf achtest du beim nächsten Kauf von Limonade oder Kaffee?

3 Kaffeeplantage im südlichen Äthiopien

4 Kaffeebauer in der «Teramesa Cooperative» in Äthiopien bei der traditionellen Sonnentrocknung der Kaffeekirschen

5 Frauenkooperative in Honduras

6 Das Logo «Fairtrade» für Fairen Handel: Bei der Produktion gelten faire Arbeitsbedingungen und Umweltstandards werden eingehalten.

Schuhe – anders gedacht

Ein biologisch abbaubarer Sneaker

Ein niederländischer Student stellte 2011 den weltweit ersten ungiftigen und komplett biologisch abbaubaren Sneaker vor. Mit dem Werbeslogan «Schuhe, die blühen» machte die Firma auf ihr Produkt aufmerksam. Sie versprach, dass man den Schuh bedenkenlos in der Erde vergraben kann, wenn er eines Tages abgelatscht ist. Dann wird der Schuh in Kompost umgewandelt und es keimen farbige Wildblumen aus Samen, die in der Schuhzunge versteckt sind.

Der Sneaker entstand aus dem Wunsch, ein Produkt herzustellen, das nicht nur gut aussieht und bequem ist, sondern auch umweltfreundlich. Die Leitidee war: «Wir wollen Produkte entwickeln, die Menschen mit ihrer Umwelt auf fantasievolle Weise verbinden.»

Suche nach Materialien

Um die Idee zu verwirklichen, musste der Gründer einige Herausforderungen meistern. Zunächst brauchte er geeignete und nachhaltige Materialien. In Italien lernte er eine Firma kennen, die einen Kunststoff ohne Erdöl produziert. Diesen benutzte er für die Sohle. In Rumänien fand er die atmungsaktive Naturfaser Hanf. Der Hanfanbau belastet die Umwelt nicht stark, da wenig Wasser eingesetzt wird. Die Innensohle des Sneakers besteht aus Kork, der in Portugal unter fairen Arbeitsbedingungen angebaut und geerntet wird. Für die Schuhbändel konnte zertifizierte Biobaumwolle aus der Türkei organisiert werden. Das Obermaterial besteht aus Flachs, einer starken Naturfaser. Dessen Anbau gelingt umweltschonend, ohne den Einsatz von Pestiziden. Das gesamte Produkt ist also zu 100 Prozent biologisch abbaubar, zudem vegan, da keine tierischen Produkte verwendet werden.

1 Ein portugiesischer Arbeiter stellt die Innensohle aus Kork her.

Nachhaltige Produktion und Verkauf

Als alle Materialien vorhanden waren, mussten diese zu einem Schuh zusammengesetzt werden. Doch wie sollte das ohne chemische Klebstoffe gehen? In Italien traf der Erfinder auf eine erfahrene Schuhmacherin. Sie konnte historische römische Schuhe ohne Leim herstellen. Die einzelnen Bestandteile wurden mit Hitze verklebt.

Der fair produzierte, modische Sportschuh kann heute nicht mehr gekauft werden, die Produktion wurde eingestellt. Er hat aber einige Nachahmer bei anderen Marken gefunden, die ebenfalls auf eine nachhaltige Produktion setzen.

> **Nachgedacht**
> Wo würdest du einen solchen biologischen Sneaker vergraben?

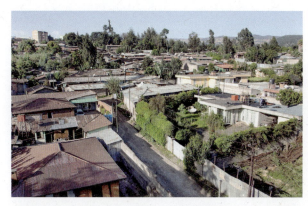

2 Vorort der äthiopischen Hauptstadt Addis Abeba

Sandalen aus Autoreifen

Eine junge Frau aus einem kleinen Vorort der äthiopischen Hauptstadt Addis Abeba gehört mit ihrer Schuhfabrik heute zu den erfolgreichsten Firmenbesitzerinnen in Afrika.

Das Unternehmen bietet seiner Kundschaft ökologische und mit äthiopischem Kunsthandwerk produzierte Sandalen, Schnürschuhe, Slipper und Stiefel an. Dabei werden lokale Rohstoffe wie Biobaumwolle aus kleinbäuerlichen Betrieben, recycelte Autoreifen, handgewebte abessinische Jute und Textilien aus der Koba-Pflanze verwendet.

Soziale Verantwortung

Das Ziel der Unternehmensgründung war nicht nur, umweltfreundliche Schuhe auf den Markt zu bringen, sondern auch, die Lebensumstände der Menschen vor Ort zu verbessern und ihnen eine langfristige Perspektive zu bieten. Denn in Äthiopien sind viele Menschen sehr arm.

Die Firma bietet Arbeitsplätze, wo es früher keine gab. Es werden Löhne bezahlt, die um ein Vielfaches höher liegen als der gesetzliche Mindestlohn oder andere branchenübliche Löhne. Der Lohn hängt nicht von der Arbeitsleistung ab, sondern wird im Vertrag festgelegt. Auch werden die Mitarbeiterinnen und Mitarbeiter medizinisch gut versorgt. Das ist nötig, weil es nur wenig Ärzte in Äthiopien gibt. Zudem beschäftigt das Unternehmen Menschen mit einer Behinderung, und die Ausbildung der Kinder von Arbeiterfamilien wird finanziell unterstützt. Darüber hinaus kann so wertvolles altes kulturelles Handwerk erhalten werden.

3 Arbeiter schneiden Schuhsohlen aus alten Autoreifen aus.

4 Die Bestandteile der Schuhe werden in Handarbeit zusammengesetzt.

5 Die trendigen Schuhe können auch in der Schweiz und anderen Ländern Europas gekauft werden.

Nachgedacht
Worauf achtest du beim Kauf von Schuhen?

Smartphones – anders gedacht

1 Smartphones sind aus unserem Alltag nicht mehr wegzudenken. Gilt das für alle Menschen auf der Welt?

2 Kinder gewinnen im Bergbau in Ruanda Coltan, das in Smartphones verwendet wird.

Handyproduktion

Smartphones und Handys werden in der Regel von Grossfirmen mit maximalem Gewinnstreben hergestellt. Dafür müssen die Materialien möglichst billig, die Löhne der Arbeitenden tief sein. Mehr Gewinn wird erzielt, wenn ein kaputtes Gerät durch ein neues ersetzt wird, auch wenn die Rohstoffe dann einfach weggeworfen werden.
Der Rohstoffabbau und die Produktion in der Smartphone-Industrie sind höchst problematisch. Die benötigten Rohstoffe werden unter oft widrigen Umständen meist in Bürgerkriegsregionen afrikanischer Länder abgebaut. Die Umwelt wird durch vergiftete Gewässer belastet. Die Arbeitsbedingungen der Menschen sind katastrophal: lange Arbeitszeiten, fehlende Schutzkleidung, niedrige Löhne, Strafen, Produktionsdruck usw. Kinderarbeit ist üblich.
Einige junge Firmen haben sich deshalb das Ziel gesetzt, «faire» Smartphones zu produzieren. Kann dies gelingen?

Was ist dabei anders?

Beispielfirmen gibt es aus Deutschland oder den Niederlanden. Das Ziel ist ein langlebiges Produkt, bei dem einzelne Teile ausgetauscht werden können. Dies reduziert auch den Elektroschrott.
Gesellschaft: Die Produktion ist eher familiär. Produziert wird nur, was bestellt wird. Der Lohn reicht den Arbeitern zum Leben, Arbeitsgesetze werden eingehalten und die Arbeitszeit ist auf acht bis neun Stunden pro Tag begrenzt. Kinderarbeit ist verboten, die Mitarbeiterinnen und Mitarbeiter werden anständig behandelt, Versicherungen bezahlen bei Krankheit und gewähren die Altersvorsorge.
Umwelt: Ziel ist, keine Rohstoffe (Coltan, Zinn und Gold) aus Kriegsgebieten zu verwenden. Das kann nicht zu hundert Prozent gelingen, weil in vielen Rohstoffländern Krieg und Korruption herrschen. Angestrebt wird, nur mit nachhaltigen Firmen zusammenzuarbeiten. Viele Einzelteile bestehen aus Recyclingmaterial.

> **Nachgedacht**
> Kennst du Apps zum Thema Nachhaltigkeit?

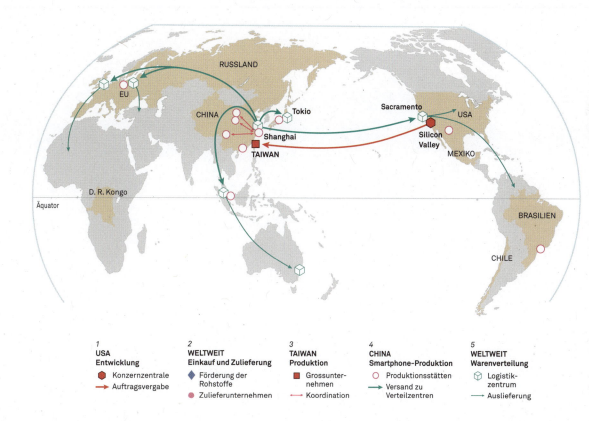

1 USA
Entwicklung
- ■ Konzernzentrale
- → Auftragsvergabe

2 WELTWEIT
Einkauf und Zulieferung
- ♦ Förderung der Rohstoffe
- ● Zulieferunternehmen

3 TAIWAN
Produktion
- ■ Grossunternehmen
- → Koordination

4 CHINA
Smartphone-Produktion
- ○ Produktionsstätten
- → Versand zu Verteilzentren

5 WELTWEIT
Warenverteilung
- ⬜ Logistikzentrum
- → Auslieferung

3 An der Produktion eines Handys sind viele verschiedene Länder beteiligt.

Verantwortungsvoller Umgang

Verantwortungsvoll ist der Umgang mit einem Gerät dann, wenn es nicht schon bei der kleinsten Störung weggeworfen werden muss. Dies ist dann möglich, wenn die Nutzer das Gerät öffnen können, ohne dass der Garantieanspruch verfällt. Bei den nachhaltig produzierten Handys oder Smartphones hilft eine grosse Gemeinschaft mit eigenen Videotutorials, die zeigen, wie dies geht. Zum Beispiel können die Batterie ausgewechselt oder der Speicher erweitert werden. Auch kann dem Gerät ein neues Farbgehäuse verpasst werden. Nicht mehr gebrauchte Geräte werden zurückgegeben oder umgetauscht. So können Rohstoffe oder Einzelteile wiederverwendet werden. Oder die Geräte werden für Hilfsprojekte eingesetzt.

Kleiner Marktanteil

Der Marktanteil der nachhaltig produzierten Handys oder Smartphones ist im Vergleich zu herkömmlichen Marken gering. Bisher sind etwa 130 000 solcher Geräte im Umlauf. Der Preis pro Stück beträgt etwa CHF 250.–. Zum Vergleich: Hersteller von herkömmlichen Marken verkaufen etwa 500 Millionen Handys oder Smartphones pro Jahr zu Preisen von CHF 500.– bis über CHF 1000.–.

> **Nachgedacht**
> Wie viele alte Handys und Smartphones liegen bei dir zu Hause ungenutzt herum? Wann entsorgst du sie fachgerecht? Oder was hast du mit ihnen vor?

4 Handy-Elektroschrott – wertvolle Rohstoffe werden weggeworfen statt wiederverwendet. Im Elektroschrott der Schweiz lagern 240 kg Gold, 2400 kg Silber und 120 000 kg Kupfer.

> **Nachgedacht**
> Worauf achtest du bei deinem nächsten Smartphone? Spielt Nachhaltigkeit eine Rolle?

Glossar

Aquakultur
Kontrollierte Aufzucht von Fischen

Arbeitsteilung
Produktionsprozess, bei dem der Arbeitsprozess in viele kleine Schritte unterteilt wird und bei dem viele verschiedene Personen, Firmen oder Länder am Endprodukt beteiligt sind

Atoll
Ringförmiges Korallenriff (= Insel), das eine Lagune (= Wasser) umschliesst

Bodendegradation
Verschlechterung des Bodens

Desertifikation
Vom Menschen ausgelöste zunehmende Wüstenbildung einer ehemals fruchtbaren Landschaft

El Niño
Veränderungen von Winden und Meeresströmungen im Südpazifik, die sich auf die Küsten von Australien und Südamerika mit Hochwasser, Dürre, Fischmangel usw. auswirken

Export
Ausfuhr/Verkauf von Schweizer Produkten in andere Länder

Fruchtbarkeitsrate
Durchschnittliche Kinderzahl pro Frau im gebährfähigen Alter

FSC-Standard
Label für die Sicherstellung der nachhaltigen Waldnutzung mit zehn Kriterien

HDI
«Human Development Index» oder «Index der menschlichen Entwicklung»; gilt als Indikator für den Wohlstand von Ländern und wird aus verschiedenen Faktoren wie Einkommen, Lebenserwartung und Bildung berechnet.

Höhenstufen
Landschaftszonen mit typischer Pflanzenwelt, die sich mit zunehmender Höhe (und Wasser, Klima, Relief, Boden, Gestein) verändern

Import
Einfuhr von Waren aus dem Ausland in die Schweiz

Klima
Durchschnittliche Vorgänge und Zustände der Atmosphäre an einem bestimmten Ort während mindestens 30 Jahren

Klimaflüchtlinge
Menschen, die aufgrund von klimabedingten Naturereignissen ihre Heimat verlassen müssen; die Anerkennung als Flüchtlinge ist noch offen, dies erschwert die Aufnahme in anderen Ländern.

Mangroven
Wälder an tropischen Küsten, die an das Salzwasser angepasst sind

Monsun
Jahreszeitlich aus verschiedenen Richtungen wehende Winde, die in Indien zu Regen führen und Landwirtschaft ermöglichen

Nachhaltige Entwicklung
Entwicklung, welche die Bedürfnisse der Gegenwart befriedigt, ohne die Möglichkeiten künftiger Generationen zu gefährden, ihre eigenen Bedürfnisse zu befriedigen. Wirtschaftliche, soziale und ökologische Interessen werden ausgewogen berücksichtigt.

Nomadismus
Traditionelle Lebens- und Wirtschaftsweise von Völkern, die umherziehen

Parahotellerie
Unterkünfte für Reisende, aber keine Hotels, z.B. Ferienwohnung, Pension, Jugendherberge, Pfadfinderheim

Schelf
Oberster Bereich des Meeres, zwischen Küste und Tiefsee, bis etwa 200 m Wassertiefe

Seltene Erden
Metalle, die für die Herstellung von Smartphones, aber auch von LED-Lampen oder Akkus gebraucht werden

Sherpa
Volksgruppe aus dem Tibet, die oft als Lastenträger bei Expeditionen im Himalaya arbeitet

System
Einheit von miteinander verbundenen Teilen, die eine bestimmte Funktion haben; Systeme auf der Erde werden auch als «Geökosysteme» bezeichnet.

Tageszeitenklima
Klima, bei dem die Temperaturunterschiede zwischen Tag und Nacht grösser sind als im Jahresverlauf

Zenitalregen
Zur Zeit des höchsten Stands der Sonne (nach dem Mittag) auftretender Regen in den Tropen

Sachregister

Abfall → 20/21, 80/81

Agenda 2030 → 94/95

Amazonas-Regenwald → 53

Anden → 55

Arabische Halbinsel → 10/11, 12/13

Arbeit/Arbeitsbedingungen → 13, 24, 27, 36/37, 40/41, 42/43, 94/95, 99, 101, 102/103

Armut → 19, 94/95

Artenvielfalt → 52/53, 70/71

Assuan-Staudamm → 63

Atacama → 55, 56

Atmosphäre → 92

Australien → 78/79

Baikalsee → 16/17

Bali → 72/73

Beduinen → 11

Bevölkerung → 18, 22/23

Bildung → 94/95

Bleistift → 38/39

Buschbrand → 79

China → 22, 24/25

Daseinsgrundfunktionen → 86/87

Desertifikation → 56/57

Dienstleistung → 24/25, 30/31, 40/41, 42/43, 44/45

Disparitäten → 13, 27, 88/89

Dubai → 11, 12/13

Dürre → 79

El Niño → 76/77

Energie → 22/23, 63

Entwicklung → 24/25

Erdöl → 12, 15

Export → 36/37

Filmanalyse → 82

Fischerei → 34/35, 58/59, 76/77

Flucht → 69

Frauen → 19, 94/95

Galápagosinseln → 70/71

Gastarbeiter → 13, 27

Gebirge → 20/21, 54/55

Gesundheit → 95

Globalisierung → 24/25, 38/39, 40/41, 42/43

Great Barrier Reef → 59

Handel → 8/9, 88/89, 98/99

Himalaya → 20/21

Hinduismus → 72/73

Höhenstufen → 54

Indien → 18/19

Indigene Bevölkerung → 74/75

Industrie → 30/31, 36/37, 38/39, 44/45

Informeller Sektor → 47

Infrastruktur → 14/15

Insel → 68/69, 70/71

Japan → 23

Kaffee → 99

Karikaturen → 26

Kartoffel → 32/33

Katar → 27

Kinderarbeit → 19, 89

Klima → 54/55, 92/93

Klimawandel → 17, 53, 55, 67, 69, 77, 92/93

Konsum → 42/43, 87

Kultur → 72/73, 74/75, 94/95

Lachs → 34/35

Landwirtschaft → 15, 19, 30/31, 32, 34/35, 38, 73

Lebensgrundlagen → 90/91

Lebensraum → 50/51, 80/81, 98/99

Limonade → 98

Logistik → 42/43

Maori → 74/75

Meer → 58/59, 66/67, 68/69, 76/77, 80/81

Migration → 68/69

Mikroplastik → 80/81

Mobilität → 86

Monsun → 19

Mount Everest → 20/21

Nachhaltige Entwicklung → 50/51, 86/87, 88/89, 94/95, 96/97, 98/99, 100/101, 102/103

Nationalpark → 70/71

Naturgefahren → 67, 68/69, 79

Nepal → 20/21

Neuseeland → 74/75

Nil → 63

Nomaden → 11, 56/57

Oase → 56/57

Onlinehandel → 24/25, 42/43

Pazifischer Feuerring → 67

Peru → 76/77

Pipeline → 17

Plantage → 53, 99

Plastikmüll → 80/81

Plattentektonik → 54

Polynesien → 83

Primärsektor → 31

Produktion → 32/33, 38/39, 96, 100/101

Recycling → 101, 102/103

Regenwald → 52/53

Reisanbau → 72/73

Rodung → 53

Rohstoff → 15, 38, 58, 90/91, 98/99, 102

Russland → 14/15, 16/17

Sahara → 57

Schattenwirtschaft → 47

Seeschifffahrt → 58/59

Seidenstrasse → 8/9

Sekundärsektor → 31

Sherpa → 21

Sibirien → 14/15, 16/17

Smartphone → 102/103

Soziale Gerechtigkeit → 94/95, 98/99, 100/101, 102/103

Stadt → 12/13, 14, 22/23, 60/61, 78

Strukturwandel → 44/45

Südpazifischer Raum → 66/67

System → 50/51

Tertiärsektor → 31

Textilindustrie → 44

Tourismus → 17, 20/21, 40/41, 54, 67, 70/71, 78

Tradition → 11, 74/75, 100/101

Transport → 8/9, 39

Transsibirische Eisenbahn → 14

Treibhauseffekt → 92

Tropen → 52/53

Tuvalu → 68/69

Uhren → 36/37

Umwelt/Umweltschutz → 16/17, 90/91, 96/97, 98/99, 102/103

Umweltverschmutzung → 59, 67, 80/81

Verkauf → 42/43

Verkehr → 8/9, 22/23, 60/61, 86

Visionen → 86/87

Vulkanismus → 67, 73

Wasser → 16, 58/59

Weihrauchstrasse → 11

Weltmeer → 58/59

Wirkungsgefüge → 62

Wirtschaft → 12/13, 14/15, 18/19, 22/23, 24/25, 27, 30/31, 36/37, 76/77, 78/79, 88/89, 96/97

Wüste → 56/57

Zeitungsartikel auswerten → 46

Zentralasien → 8/9

Zermatt → 40/41

Zukunft → 86/87

Zyklon → 79

Bild- und Quellennachweis

BILDNACHWEIS

Umschlag
Reisterrassen © Martin Hosmart/iStock

S. 6
Delhi, Indien © JeremyRichards/iStock

S. 7
Taiwan © Henry Westheim Photography/Alamy

S. 8
Xiva, Usbekistan © Dudarev Mikhail/Adobe; Karakorum-Highway, China © Blaine Harrington III/Alamy

S. 9
Uigurisches Dorf Tuyoq © Raquel Mogado/Alamy; Hafen Aqtau, Kasachstan © Ustinenko/iStock; Frachtzug London–Yiwu © Han Yan/Photoshot/Keystone

S. 10
Kuwait-Stadt © philipus/Adobe; Sanaa, Jemen © Jackmalipan/Dreamstime; Verkäufer vor Teppichladen, Oman © robertharding/Alamy

S. 11
Burj Khalifa, Dubai © Markus Mainka/Adobe; Kameltrekking, Katar © JB-2078/Alamy; Falaj-Bewässerungssystem, Oman © Joana Kruse/Alamy; Beduinencamp, Wadi Rum, Jordanien © isabela66/iStock

S. 12
Dubai Marina © Nikada/iStock; Mall of Arabia, Dubai © Gavin Hellier/Alamy; Hotel «Jumeirah Zabeel Saray», Dubai © Yvette Cardozo/Alamy

S. 13
Dubai, 1978 © Art Directors & TRIP/Alamy; Dubai, 2017 © Delpixart/iStock; Palm Island, Dubai © National Geographic Image Collection/Alamy; Häuser von Arbeitern, Dubai © Horizons WWP/TRVL/Alamy; Wohnsituation von Arbeitern, Dubai © Joerg Boethling/Alamy

S. 14
Dorf in Sibirien © Sergey Giviryak/Dreamstime; Transsibirische Eisenbahn © John Warburton-Lee Photography/Alamy; Naturraum Sibirien © Roland Knauer/Alamy

S. 15
Fussgängerzone, Ulan-Ude, Sibirien © Artur Szymczyk/Alamy; Verlassene Häuser in Zelenoborsk, Sibirien © Ilya Naymushin/Reuters/Adobe; Diamantenbergwerk «Mir», Jakutien © ASK Images/Alamy

S. 16
Baikalsee im Sommer © Alexey Morozov/Alamy; Baikalsee im Winter © robertharding/Alamy; Selenga-Fluss © imageBROKER/Alamy

S. 17
Papierfabrik am Baikalsee © Sergei Karpukhin/Reuters/Adobe; Insel Olchon © Andrey Khrobostov/Alamy; Touristen und Fähre am Baikalsee © Elena Odareeva/iStock

S. 18
Chowpatty-Strand, Mumbai, Indien © Thomas Cockrem/Alamy; Rituelle Waschzeremonie am Ganges © Maciej Dakowicz/Alamy; Thikse-Kloster, Ladakh © Alois/Adobe

S. 19
Slum, Kalkutta © Frank Bienewald/Alamy; Kinderarbeit, Indien © PACIFIC PRESS/Alamy; Taxifahrerin Savita © Karin Wenger/SRF; IT-Werbung und Rikschafahrer © Rupak de Chowdhuri/Reuters/Adobe

S. 20
Basecamp, Himalaya © Daniel Prudek/Dreamstime; Dorf in Nepal © Zzvet/iStock; Aufstieg zum Mount Everest © fotoVoyager/iStock

S. 21
Sherpa mit Gepäck © LSP1982/iStock; Kathmandu, Nepal © Les Gibbon/Alamy

S. 22
Shanghai © ispyfriend/iStock; Solaranlagen, China © Kevin Frayer/Getty Images; Smart City Yinchuan, China © Peter Treanor/Alamy

S. 23
Autoproduktion, Japan © Aflo Co. Ltd./Alamy; Shinkansen-Schnellzug, Japan © SeanPavonePhoto/Adobe; Robotik, Japan © Image navi – QxQ images/Alamy

S. 24
Spielzeugproduktion, China © Lou Linwei/Alamy; «Made in China»-Label © Carolyn Jenkins/Alamy

S. 25
AliExpress, Madrid © Gtres Información más Comunicación online, S.L./Alamy; Werbung für WeChat © sjscreens/Alamy; Werbung für Tmall © Lou Linwei/Alamy

S. 27
Doha, Katar © aleksandar kamasi/iStock; Gastarbeiter, Katar © Alan Gignoux/Alamy

S. 28
Erdbeermädchen © Danil Nevsky/Stocksy

S. 29
Paketversand © simonkr/iStock

S. 30
Rheinhafen, Basel © Prisma by Dukas Presseagentur GmbH/Alamy

S. 31
Landwirtschaft, Schweiz © GFC Collection/Alamy; Glasi Hergiswil LU © Frank Bienewald/Alamy; Innenstadt Genf © Jack Sullivan/Alamy

S. 32
Kartoffelsetzmaschine © clynt Garnham Agriculture/Alamy; Kartoffelpflanzen © jeesoen/iStock; Kartoffelernte © Adrian Baer/NZZ; Kartoffelsortierung © Adrian Baer/NZZ

S. 33
Lagerhalle © Zweifel Pomy-Chips; Trocknung von Chips © Zweifel Pomy-Chips; Würzen von Chips © Zweifel Pomy-Chips; Verpacken von Chips © Zweifel Pomy-Chips

S. 34
Lachsfilet © margouillatphotos/iStock; Lachsfang, Alaska © Design Pics Inc/Alamy

S. 35
Fischfarm, Griechenland © Violetastock/iStock; Fischerin mit Lachs © Marius Fiskum/Norwegian Seafood Council; Fischverarbeitung, Alaska © Jeffrey Rotman/Alamy; MSC-Logo © msc.org; ASC-Logo © asc-aqua.org

S. 36
Swatch-Uhren © ilbusca/iStock

S. 37
Herrenuhr © Black Cat Imaging/Alamy; Uhrmacher © IggyPhotography/iStock

S. 38
Bleistifte © Marjorie Kamys Cotera/Bob Daemmrich Photography/Alamy; Grafitkörner © Daniel Karmann/DPA/Keystone; Zedernholz, USA © inga spence/Alamy

S. 39
Bleistiftrohlinge © Faber-Castell AG; Bleistiftproduktion © Faber-Castell AG; Farbstiftproduktion © Faber-Castell AG; Verkaufsgeschäft Caran d'Ache © Caran d'Ache SA

S. 40
Zermatt © Roman Babakin/Alamy

S. 41
Zermatt mit Matterhorn © Peter Wey/Alamy; Gondelbahn, Zermatt © MERVYN REES/Alamy; Gornergrat und Matterhorn © robertharding/Alamy

S. 42
Onlinehandel © CarmenMurillo/iStock; Beratung Heimelektronik © gorodenkoff/iStock

S. 43
Amazon-Logistikzentrum, Grossbritannien © Geoffrey Robinson/Alamy; Paketchaos, China © ZUMA Press, Inc./Alamy; Migros-Logistikzentrum © Migros-Genossenschafts-Bund

S. 44
Textilfabrik (alt) in Mels SG © Frieder Käser, 2015; Textilfabrik (neu) in Mels SG © Visualisierung Marcel Schauffelberger, 2015; Kinderfest St. Gallen © Regina Kühne/Keystone

S. 45
Zeche «Prosper», Bottrop © imageBROKER/Alamy; Zeche «Prosper II» früher © Josef Stoffels/Fotoarchiv Ruhr Museum; Zeche «Prosper II» heute © www.ruhrzechenaus.de

S. 46
Schweizer Zeitungen © Beatrice Geistlich

S. 47
Fahrradtaxi, Indonesien © Leonid Serebrennikov/Alamy; Blumenverkäuferin, Kuba © FORGET Patrick/SAGAPHOTO.COM/Alamy; Elektroniktrennung, Kalkutta © National Geographic Image Collection/Alamy; Kontrolle auf Baustelle, Schweiz © Gaetan Bally/Keystone

S. 48
Wald, Russland © Biletskiy_Evgeniy/iStock

S. 49
Bangkok, Thailand © issanu01/iStock

S. 50
Nilkreuzfahrt, Ägypten © imageBROKER/Alamy

S. 51
Abb. 2: Schweizer Bergwelt © Monika Reuschenbach; Abb. 3: Korallenriff, Fidschi © Reinhard Dirscherl/Alamy; Abb. 4: Kreuzfahrtschiff und Ölplattform, Schottland © Iain Masterton/Alamy; Abb. 5: La Paz, Bolivien © Renato Granieri/Alamy; Abb. 6: Regenwald, Brasilien © Ildo Frazao/iStock; Abb. 7: Nil bei Kerma, Sudan © imageBROKER/Alamy; Abb. 8: Central Park, New York © LeoPatrizi/iStock; Abb. 9: Frauen tragen Brennholz, Demokratische Republik Kongo © Jake Lyell/Alamy; Abb. 10: Altiplano, Bolivien © David Noton Photography/Alamy; Abb. 11: Belucha-Gebirge, Sibirien © Vershinin-M/iStock; Abb. 12: Oase Tineghir, Marokkko © Hemis/Alamy

S. 52
Kinder am Amazonas © Pulsar Imagens/Alamy

S. 53
Regenwaldrodung, Brasilien © Frans Lanting Studio/Alamy; Siedlung und Strassenbau bei Manaus, Brasilien © robertharding/Alamy; Einfaches Leben am Amazonas, Brasilien © Mark Green/Alamy; Siedlung am Amazonas, Iquitos, Peru © Amazon-Images/Alamy

S. 54
Perito-Moreno-Gletscher, Argentinien © robertharding/Alamy

S. 55
San Pedro de Atacama, Chile © Michele Burgess/Alamy; Hochland, Peru © Sergey Sukhanov/Alamy; Chimborazo, Ecuador © imageBROKER/Alamy; Puno, Peru © undefined undefined/iStock

S. 56
Saharawüste, Algerien © Dmitry Pichugin/Adobe

Bild- und Quellennachweis

S. 57
Oase Tineghir, Marokko © Hemis/Alamy; Berber mit Touristen © Julia Rogers/Alamy; Bewässerungskreise, Jordanien © Yann-Arthus Bertrand/Getty Images; Busbahnhof Khartum, Sudan © Hemis/Alamy

S. 58
Strand und Ozean, Spanien © BriBar/iStock

S. 59
Hafen von Kapstadt, Südafrika © Peter Titmuss/Alamy; Great Barrier Reef, Australien © MB_Photo/Alamy; Korallenriff, Australien © imageBROKER/Alamy; Fischerei, Australien © Monika Reuschenbach

S. 60
Little India, Singapur © Arterra Picture Library/Alamy

S. 61
«Parkroyal»-Hotel, Singapur © ronniechua/iStock; Orchard Road, Singapur © deeepblue/iStock; Gardens by the Bay, Singapur © phonprom/iStock; Wohnkomplex, Singapur © frédéric araujo/Alamy

S. 63
Nubisches Dorf am Nil, Ägypten © alexerich/iStock; Assuan-Staudamm, Ägypten © Hackenberg-Photo-Cologne/Alamy

S. 64
Sandstrand, Bora Bora © BlueOrangeStudio/Alamy

S. 65
Folgen eines Tsunamis, Koh Phi Phi, Thailand © AHowden – Thailand Stock Photography/Alamy

S. 66
Tuvalu © Design Pics Inc/Alamy; Galápagos © DC_Colombia/iStock

S. 67
Vulkan Gunung Agung, Bali © saiko3p/iStock; Neuseeland © allOver images/Alamy; Hafen von Pucusana, Peru © Kevin Schafer/Alamy; Melbourne, Australien © Chad Ehlers/Alamy; Henderson Island © Mark Waller/Alamy

S. 68
Tuvalu © Design Pics Inc/Alamy; Funafuti, Tuvalu © Ashley Cooper pics/Alamy; Volleyball auf Tuvalu © robertharding/Alamy

S. 69
Frauen bereiten Frühstück zu, Tuvalu © Global Warming Images/Alamy; Wellenbrecher, Tuvalu © Global Warming Images/Alamy; Überschwemmung, Tuvalu © Global Warming Images/Alamy

S. 70
Galápagos © DC_Colombia/iStock; Landschaft, Galápagos © shalamov/iStock; Puerto Ayora, Galápagos © 4FR/iStock

S. 71
Meerechsen, Galápagos © mantaphoto/iStock; Charles-Darwin-Forschungsstation, Galápagos © Kumar Sriskandan/Alamy; Landung am Strand, Galápagos © stockcam/iStock; Scalesiawald, Galápagos © stevegeer/iStock

S. 72
Vulkan Gunung Agung, Bali © saiko3p/iStock; Ramayana-Ballett, Bali © Peter Schickert/Alamy

S. 73
Reisterrasse, Bali © kongjongphotostock/iStock; Markt in Denpasar, Bali © Hemis/Alamy; Opfergaben aus Blumen, Bali © umike_foto/Adobe; Opfergaben für Zeremonie, Bali © MARKA/Alamy

S. 74
Neuseeland © allOver images/Alamy; Hakatanz der Rugbymannschaft «All Blacks», Neuseeland © Action Plus Sports Images/Alamy

S. 75
Begrüssung mit Hongi, Neuseeland © National Geographic Image Collection/Alamy; Gesichtstätowierung, Neuseeland © National Geographic Image Collection/Alamy; Poi-Tanz, Neuseeland © Rafael Ben-Ari/Alamy; Kanudemonstration, Neuseeland © paul kennedy/Alamy

S. 76
Hafen von Pucusana, Peru © Kevin Schafer/Alamy; Sardinenfischer, Peru © robertharding/Alamy; Hafen von Lima, Peru © robertharding/Alamy

S. 78
Melbourne, Australien © Chad Ehlers/Alamy; Uluru, Australien © simonbradfield/iStock; Queensland, Gold Coast, Australien © Martin Valigursky/Alamy

S. 79
Road Train, Australien © imageBROKER/Alamy; Dürre in Australien © Lukas Coch/EPA/Keystone; Wohnhaus im Regenwald, Australien © Monika Reuschenbach

S. 80
Henderson Island © Mark Waller/Alamy; Vermüllter Strand, Henderson Island © U.S. Fish and Wildlife Service

S. 81
Mikroplastik aus Müllwirbel © ZUMA Press, Inc./Alamy; Meeresschildkröte © Paulo Oliveira/Alamy; Müllsammelaktion, Bali © Koldunov/iStock

S. 82
Filmbetrachtung in der Schule © Nikada/iStock

S. 83
Insel Motunui aus *Vaiana* © Walt Disney Animation Studios/Walt Disney Pictures; Bora Bora mit Mount Otemanu © eqroy/Adobe; Halbgott Maui aus *Vaiana* © Sportsphoto/Alamy; Maori-Tattoo © Design Pics Inc/Alamy

S. 84
Check-in Flughafen Frankfurt a. M. © RobertHoetink/iStock

S. 85
Klimastreik, Zürich © Arnd Wiegmann/Reuters/Adobe

S. 86
Projekt «Lilypad» © Vincent Callebaut Architectures, Paris; Selbstfahrender Bus in Neuhausen SH © Trapeze

S. 87
Zero-Waste-Geschäft, Zürich © Beatrice Geistlich; Schulklasse in Farah, Afghanistan © PJF Military Collection/Alamy; Junge Frauen beim Ploggen © doble-d/iStock

S. 88
Wocheneinkauf, Italien © Peter Menzel/Agentur Focus; Wocheneinkauf, Ecuador © Peter Menzel/Agentur Focus; Icons Agenda 2030 © EDA

S. 90
Küste auf São Miguel, Azoren, Portugal
© Magdalena Bujak/Alamy; Icons Agenda
2030 © EDA

S. 91
Windturbinen im Meer, Grossbritannien
© ShaunWilkinson/iStock

S. 92
Plane auf dem Rhonegletscher, Kanton
Wallis © Chris Craggs/Alamy

S. 93
Industrieanlage in Murmansk, Russland
© vchal/iStock

S. 94
Jugendliche in Einkaufszentrum, New York,
USA © Patti McConville/Alamy; Icons
Agenda 2030 © EDA

S. 95
Mittagstisch, Bolivien © Bolivianisches
Kinderhilfswerk e.V., Projekt Musuq Sunqu,
Sucre, 2013; Gesundheitsversorgung, Benin
© Olivier Asselin/Alamy; Schule in Andhra
Pradesh, Indien © Tim Gainey/Alamy;
Massai-Frauen bei der Buchhaltung,
Tansania © Bert Hoferichter/Alamy

S. 96
Icons Agenda 2030 © EDA

S. 97
Sonderbriefmarke «Solar Impulse 2»
© Post CH AG; Solar Impulse 2 © Aviation
Visuals/Alamy; Bertrand Piccard und
André Borschberg © scarletsails/iStock

S. 98
Rohrzuckeranbau, Paraguay
© imageBROKER/Alamy;
Kinderhort, Asunción, Paraguay
© Stiftung Vida Plena/Paraguay

S. 99
Kaffeeplantage, Äthiopien © Pascal
Mannaerts/Alamy; Kaffeebauer, Äthiopien
© carrion-photography.ch; Frauenkooperative, Honduras © Jafet Reyes/
18 Conejo Honduras; Fairtrade-Logo
© fairtrade.net

S. 100
Herstellung von Schuhsolen, Portugal
© Tim van Bentum/OAT Shoes

S. 101
Addis Abeba, Äthiopien © Roberto
Fumagalli/Alamy; Schuhsohlenherstellung
bei SoleRebels, Äthiopien © Martin Egbert/
Tecklenburg; Schuhherstellung bei
SoleRebels, Äthiopien © Martin Egbert/
Tecklenburg; Schuhmodelle von SoleRebels
© Martin Egbert/Tecklenburg

S. 102
Jugendliche am Handy © KeyWorded/
Alamy; Coltanabbau, Ruanda
© age fotostock/Alamy

S. 103
Elektroschrott © clu/iStock

QUELLENNACHWEIS

S. 31
Daten für Grafik «Entwicklung der
Beschäftigten»: Bundesamt für Statistik
(www.bfs.admin.ch)

S. 34
Daten für Grafik «Fisch- und Fleischkonsum in der Schweiz»: UFA-Revue,
3.5.2017 (ufarevue.ch [Zugriff: 1.10.2019])

S. 36
Daten für Grafik «Werte und Stückzahlen
von Uhren»: swissinfo.ch, 22.3.2017
(Zugriff: 1.10.2019)

S. 40
Daten für Grafiken «Übernachtungen» und
«Herkunft der Touristen»: Jahresbericht
Tourismus Zermatt, 2017 (www.zermatt.ch
[Zugriff: 1.10.2019])

S. 47
Daten für Grafik «Schattenwirtschaft und
Bruttoinlandprodukt»: Die Welt, 1.3.2017
(www.welt.de/wirtschaft/article161877524/
Jeder-zehnte-Euro-wird-in-Deutschland-
illegal-kassiert.html [Zugriff: 1.10.2019])

S. 52
Daten für Klimadiagramm Tefe:
www.klimadiagramme.de
(Zugriff: 1.10.2019)

S. 54
Daten für Klimadiagramm La Paz:
www.klimadiagramme.de
(Zugriff: 1.10.2019)

S. 56
Daten für Klimadiagramm Aoulef:
www.klimadiagramme.de
(Zugriff: 1.10.2019)

S. 72
Daten für Klimadiagramm Denpasar:
www.klimadiagramme.de
(Zugriff: 1.10.2019)

S. 77
Daten für Karten und Blockdiagramme
El Niño: National Oceanic and Atmospheric
Administration (www.noaa.gov);
The Guardian, 5.3.2015 (www.theguardian.
com/environment/2015/mar/05/
what-is-el-nino [Zugriff: 1.10.2019])

S. 80
Daten für Grafik Müllwirbel:
meeresatlas.org/grafik-bibliothek
(Zugriff: 1.10.2019)

S. 89
Daten für Grafik Bruttoinlandprodukt:
de.statista.com/statistik/daten/studie/
159798/umfrage/entwicklung-des-bip-
bruttoinlandsprodunkt-weltweit (Zugriff:
1.10.2019); Daten für Grafik «Ökologischer
Fussabdruck»: www.mapsofworld.com
(Zugriff: 1.10.2019)

S. 91
Daten für Grafik Bodendegradation:
Karl-Heinz Otto (Hg.): Welt im Wandel.
Braunschweig 2017, S. 151; Daten für Grafik
Wasserressourcen: unesdoc.unesco.org
(Zugriff: 1.10.2019)

S. 93
Daten für Grafik «Folgen des Klima-
wandels»: governmentshutdown.noaa.gov
(Zugriff: 1.10.2019)

S. 103
Daten für Grafik Handyproduktion:
diercke.westermann.de/content/erde-
globale-warenkette-eines-smartphones-
978-3-14-100870-8-46-1-1
(Zugriff: 1.10.2019)